KB262211

✛ 강남 미즈메디병원 정원과 내부. 강남과 강서 미즈메디병원 안에는 환자와 보호자는 물론 지역 주민들도 찾아와 편안히 쉴 수 있는 정원과 내부 시설이 마련되어 있다.

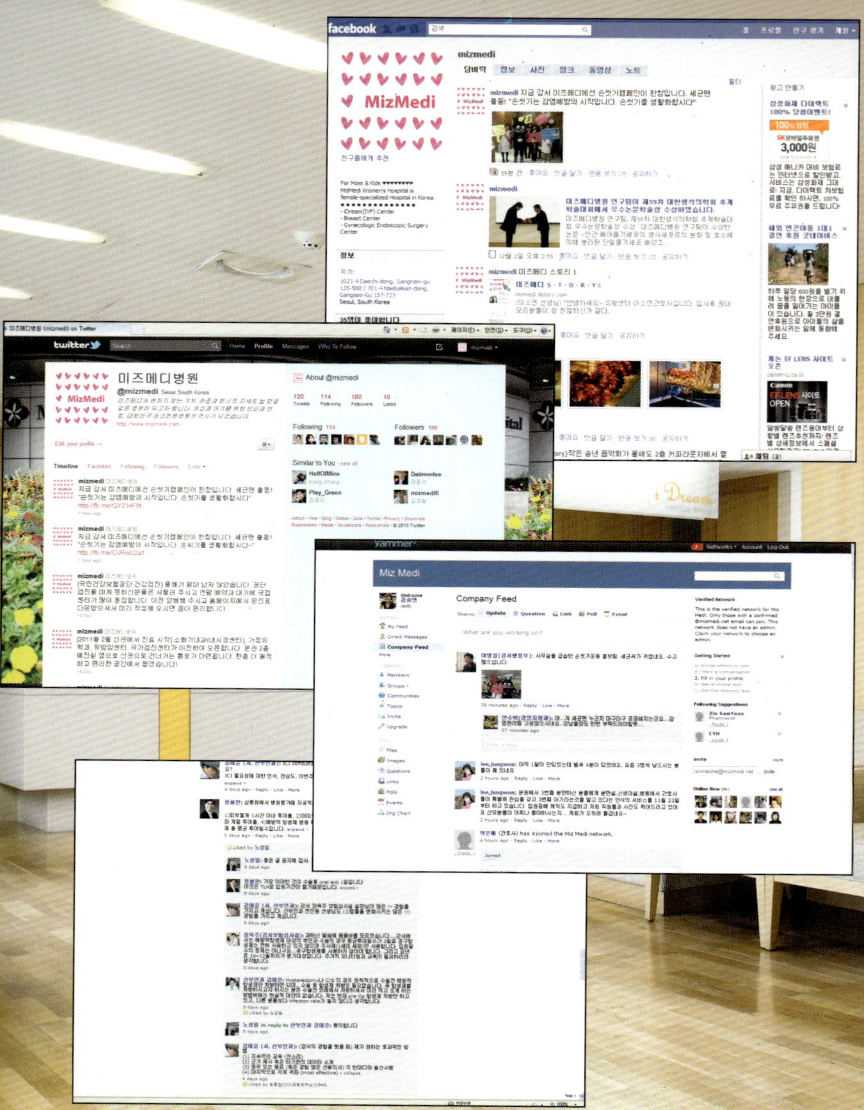

미즈메디병원의 직원들은 yammer, facebook, twitter를 통해 동료 직원들과 실시간으로 정보를 나누고 교류하고 있다.
facebook, twitter 미즈메디 계정 : mizmedi

노 성 일

이사장
연세의대 산부인과 겸임교수
대한병원협회 감사

MizMedi Women's Hospital

T 02-2007-1204 C 010-5340-6200
E roh@mizmedi.net @dreamerNOVAK

MizMedi
Women's Hospital

Sung-il Roh

Chairman of board of trustees
M.D. Obstetrics & Gynecology

MizMedi Women's Hospital

T 02-2007-1204 C 010-5340-6200
E roh@mizmedi.net @dreamerNOVAK

노성일 이사장의 명함에는 일반적으로 들어가는 병원들의 주소와 구구절절한 사외 경력 대신 온라인에서 그를 찾을 수 있는 주소들이 적혀 있다. 간단하게 휴대폰과 트위터, 이메일 계정만을 남기고 많은 것들을 과감히 생략했다. SNS를 기반으로 한 온라인상의 공간은 직원들, 환자들과의 소통을 위해 마련한 장이다.

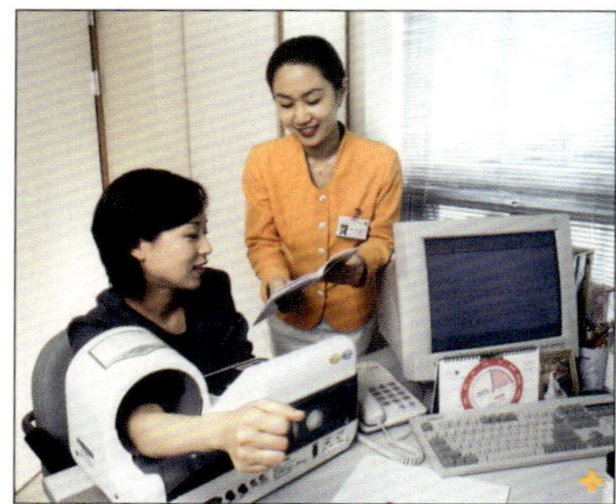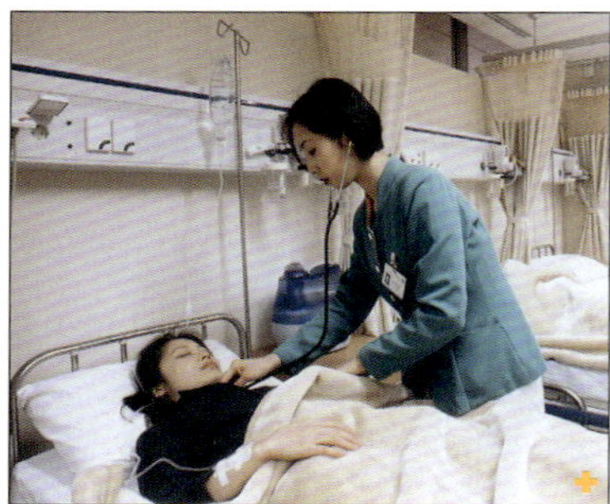

✚ 10년 전 미즈메디병원의 화려한 색상의 유니폼은 당시 대다수 병원의 백색 위주의 유니폼과 달리 매우 이례적이고 혁신적인 선택이었다.

✚✚ 병원 내에는 난임 치료와 연구를 위한 아이드림 클리닉, 아이드림 연구소를 비롯해 유방암센터, 건강증진센터 등 여성을 위한 다양한 전문센터가 마련되어 있다.

✛ 놀이터와 같이 알록달록 꾸며진 어린이병원, 키즈센터.

아가마중음악회
2부
FUNNY BAND

미즈메디는 병원을 찾는 환자들과 아이들을 위해 다양한 행사를 마련하고 있다.

✚ 키즈센터 마술쇼

✚✚ 산모들을 위한 아가 마중 음악회

✚✚✚ 아름다운가게 서울역점에서 열린 아름다운 토요일 행사

✚ 강서 미즈메디병원 10주년 기념식. 10년 전 개원을 함께 준비했던 10년 근속자들에게 감사의
마음을 담아 10돈의 금메달이 전해졌다. 앞으로도 더 많은 사람들이 함께 미즈메디의 이름으로
꿈꾸고 성장할 것이다.

1인치의 혁신

1인치의 혁신

노성일 지음

북하우스

우리에게는 꿈이 있다

환갑을 지낸 분들도 경로당에 가면 막내라고 심부름을 시킨다고 한다. 그런데 아직 '새파랗게 젊은' 쉰여덟 살의 내가 책을 쓴다니 조금은 민망하다. 자서전은 아니지만 내 지난 이야기도 들어 있기 때문이다. 더구나 훨씬 더 힘든 환경에서 더 많은 성과를 이뤄내신 아버지께서 변변한 글 하나 남기신 것이 없으니 더욱 그렇다.

아직 젊은 나이이고 아버지를 생각하면 당돌하기 그지없고 부족함이 많지만, 그럼에도 불구하고 펜을 들게 된 사정이 있다.

첫번째는 눈이다. 40대 초반에 안경을 맞추려고 안과에 갔다가 왼쪽 눈이 멀었음을 알게 되었다. 안압이 높아 생기는 녹내장 때문이었다. 왼쪽 눈이 그러면 오른쪽 눈이라도 제구실을 해주면 좋으련만 그마저도 신통치 않다. 녹내장으로 인한 시신경 손상에 백내장까지 생겨 시야가 흐릿하다. 언제가 될지 확실하게 알 수는 없지만 머지않아 앞을 보지 못하게 될지도 모르겠다.

두번째는 귀다. 태생적으로 왼쪽 귀가 들리지 않았다. 몇 년 전부터는 오른쪽 귀도 잘 들리지 않게 되었다. 지금은 보청기에 의존하고 있지만 이마저도 얼마나 갈지 알 수 없다.

암흑과 적막이 다가오고 있다. 눈과 귀가 먼다고 인생이 끝나는 것은 아니지만, 이전과는 전혀 다른 삶이 될 것이다. 그러한 어려움이 나를 덮치기 전에 내 경험과 생각을 정리하고 싶었다.

그러나 눈과 귀는 어디까지나 이 책을 쓰는 상황이지 이유는 아니다. 책을 쓰는 가장 큰 이유는 미즈메디병원에 헌법 같은 지침서를 물려주고 싶었기 때문이다. 헌법은 모든 법규의 최상위에 존재하며 국가의 가치관과 정신을 대변한다. 개인이 자기 마음대로 바꿀 수도 없다. 물론 시대가 변하면 헌법도 변할 수 있지만 구성원들의 합의를 거쳐야 한다.

내게는 내 아버지와 나를 이어 3대째 산부인과 의사의 길을 걷고 있는 아들이 있다. 아비 된 마음에 내 아들이 우리 병원을 물려받았으면 한다. 그만한 능력이 전제되어야 함은 물론이다. 그러나 한 사람의 됨됨이를 온전히 파악할 수 없고 누구나 잘못된 판단을 내릴 수 있다. 훗날 병원의 CEO가 된 아들과 직원들의 의견이 엇갈릴 때 이 책이 헌법과 같은 판단의 근거가 되었으면 한다. 아들이 잘못된 판단을 내릴 때 직원들이 이 책을 내밀어 "봐라, 당신의 아버지가 이 병원을 설립한 정신이 여기에 있다"라며 내보이기를 바란다.

이렇게 이야기하면 아들을 믿지 못하는 아버지의 기우라고 말할지도 모르겠다. 하지만 이 병원에는 많은 사람들이 일하고 있고 그들은 병원을 찾는 사람들이 아기를 갖고 낳고 기르는 데 도움을 주고 있다. 기우일지언정(기우라면 그것만큼 다행한 일이 또 어디 있는가) 미리 대비하는 게 나쁠 일은 아니다.

두번째로는 첫번째 이유와 연장선에 있는 것이긴 하나, 아들에 대한 미안함도 있다. 우리 사이에는 대화가 많이 부족하다. 아들이 지방에서 의과대학을 다니는 바람에 10여 년째 떨어져 있던 데다 지금은 서로 다른 병원에서 일하고 있다. 내가 자애로운 아버지가 아니고 내 아들이 살갑지 않기에 생긴 일이다. 그래도 내가 아버지니까 내 잘못이 더 크다. 이제라도 아들에게 내가 제 할아버지에게 배운 것, 제 아버지가 터득한 것을 글을 통해 알려주고 싶었다. 그리고 힘든 일이 있을 때 이 책이 아들에게 위안과 지혜를 주었으면 했다.

그렇다고 이 책이 아들만을 위한 것은 아니다. 우리 직원들이 읽어도 좋을 것이며, 의료계에 종사하는 사람들이 읽으면 더욱 좋을 것이고, 혁신에 대해 고민하는 많은 사람이 읽는다면 더욱더 감사한 일이다.

발전된 의술을 배우겠다고 화물선을 타고 미국으로 유학을 가셨던 아버지의 인생도 그렇고, 이 세상에 없는 멋진 병원을 만들겠다는 꿈을 가졌던 나의 지난날도 모두 혁신이라는 주제로 통하고 있다.

그래서 이 책의 주제는 '혁신'이다. 1부에서는 내 개인의 혁신과 미즈메디병원이 오늘날에 이르기까지 어떤 과정을 거쳤는지에 무게중심을 두었다. 그리고 2부에서는 내가 배우고 경험하고 실천한 혁신의 기본정신과 방법에 대해 썼다. 그 현장은 병원이지만 혁신의 원리는 다른 분야에서도 통하리라 믿는다.

나는 늘 죽음에 대비하며 살아왔다. 어렸을 때부터 왠지 죽음이 늘 가까이 있다고 생각해왔다. 죽음이 무섭거나 싫지 않았다. 누구나 겪을 수 있는 불행이라고 생각했다. 어른들은 꾸지람하셨고 아내는 질색을 하지만, 죽음이라는 명제는 늘 머리를 떠나지 않았다.

고등학교 때 아버지가 돌아가신다면 나는 어떻게 해야 하나라는 생각을 했듯이, 지금은 내가 죽고 나면 우리 병원은 어떻게 될까를 생각한다. 그리고 또한 이렇게 죽음을 가까이에 두고 살면 하루하루가 소중하고 귀하다. 나와 인연을 맺은 사람들이 나의 죽음으로 인해 불행해지는 일은 없었으면 한다. 그런 의미에서 이 책도 결국은 내 죽음 이후를 대비한 것이다.

영동제일병원으로 시작한 미즈메디가 벌써 스무 살이 되어간다. 첫해 우리 병원에서 임신해 태어난 아이가 이제 성인을 눈앞에 두고 있다. 그러니 미즈메디도 막 청소년기를 지나고 있는 셈이다. 이제야 꿈을 제대로 펼칠 준비가 끝났다. 나의 꿈, 우리의 꿈은 아직도 많이 남아 있다. 혁신이라는 동력만 잃지 않는다면, 우리의 꿈은 끝내 이뤄질 것이다.

2010년 겨울
노성일

차례

1부

혁신은
1인치의 싸움이다

매 순간 1인치씩 앞으로 나아가는 사람만이
거대한 혁신을 이뤄낸다.
하루아침에 바뀌는 혁신은 없다.
지루하고도 지루한 싸움에서 이기는 자만이,
그런 조직만이 사소한 1인치가 모이고 모여 전혀 새로운 가치의
100인치가 만들어지는 기쁨을 맛볼 것이다.

인생은 1인치의 게임이란 걸 알게 될 것이다.

풋볼도 마찬가지다.

인생이건 풋볼이건

오차 범위는 매우 작아서

반걸음만 늦거나 빨라도 성공할 수 없고

반 초만 늦거나 빨라도 잡을 수 없다.

모든 일에서 몇 인치가 문제다.

경기 중에 생기는 기회마다 일 분, 일 초마다 그래.

우리는 그 1인치를 위해 싸워야 해!

우리는 그 1인치를 위해 우리 몸을 부수기도 하고

남의 몸을 부수기도 한다.

그 1인치를 위해 주먹을 움켜쥐어라!

그 1인치들을 합치면 승패가 바뀐다는 것을

삶과 죽음이 바뀐다는 것을 우리는 알기 때문이다.

어떤 싸움에서든 죽을 각오가 돼 있는 사람만이

그 1인치를 얻는다.

내가 인생을 더 살려고 하는 것은

아직 그 1인치를 위해 싸우고 죽을 각오가 돼 있기 때문이다.

그게 인생이기 때문이다!

— 영화 〈애니 기본 선데이Any Given Sunday〉 중에서

그렇다. 언제나 1인치의 승부다. 대대적인 혁신도 세밀하게 들여다보면 모두 1인치의 싸움이다. 완공하기까지 수백 년이 걸린 밀라노대성당도 벽돌을 하나하나 쌓아 이뤄진 것이다. 꼴찌를 도맡아 하다가 어느 날 1등을 한 학생도 매 순간 잠자고 싶다는 유혹을 이기고 '조금만 더, 조금만 더'라고 외치며 공부했을 것이다.

매 순간 1인치씩 앞으로 나아가는 사람만이 거대한 혁신을 이뤄낸다. 하루아침에 바뀌는 혁신은 없다. 지루하고도 지루한 싸움에서 이기는 자만이, 그런 조직만이 사소한 1인치가 모이고 모여 전혀 새로운 가치의 100인치가 만들어지는 기쁨을 맛볼 것이다.

1991년 5명의 의사로 시작한 미즈메디가 지금은 의사를 포함해 직원이 600여 명으로 늘었다. 19년 동안 인력이 30배로 는 것이다. 누군가는 커진 병원의 규모에서 매출이라는 숫자를 보겠지만 나는 그것이 우리가 사회에 제공한 가치의 크기라고 생각한다.

미즈메디병원은 그 시작부터 혁신이었고 지금도 혁신을 하고 있다. 1인치의 싸움은 앞으로도 계속될 것이다. 내가 죽고 난 다음에도 계속되기를 바라며 또 그렇게 되리라 믿고 싶다.

기업을 바꾸고 나라를 바꾸는 일도 결국 한 개인의 꿈에서 시작된다. 혼자 꾸는 꿈은 백일몽에 지나지 않지만 함께 꾸는 꿈은 현실이 된다. 미즈메디 혁신의 역사는 내 꿈을 우리의 꿈으로 만들고, 우리의 꿈이 다시 나의 꿈이 되는 과정이었다. 혁신의 끝은 없지만 시작은 있다. 나의 혁신이자 미즈메디병원의 혁신이 태동한 사건은 내가 본과 1학년이던 1973년에 일어났다.

01
나는 꼴찌였다

누군가는 말했다. 오늘날의 노성일은 '모두' 아버지를 잘 만난 덕분이라고. 맞는 말이다. 나는 아버지를 선택할 수 있다고 해도 나의 아버지를 다시 아버지로 선택할 것이다. 아버지는 돌아가셨지만 여전히 나의 버팀목이자 기준이며 가장 좋은 친구다.

아버지는 당대의 명의로 이름을 떨쳤다. 30여 년 동안 제일병원의 원장으로 재직하셨고 대한병원협회 회장을 지내기도 하셨다. 의학 혁신의 선두에 계시면서 산모와 아기의 건강을 위해 평생을 바치신 분이다. 사실 이런 수식들은 아버지의

1퍼센트도 설명해주지 못한다. 모든 아들들의 마음이 그렇겠지만, 아버지를 설명하는 데에 이 책의 모든 지면을 할애해도 부족하다.

내가 의사가 된 것도 아버지의 영향이었고 미즈메디병원을 지금처럼 키울 수 있었던 데에도 아버지의 지원이 큰 힘이 되었다. 그러나 '모두 아버지 덕분'이라는 말을 인정하기는 억울하다. 거기에는 분명 나의 노력이 있었다. 그 노력을 시작하기까지 참 오랜 세월이 걸렸다.

나는 경기중학교를 거쳐 경기고등학교를 졸업했다. 공부 잘하는 아이들이 모인 명문으로 이름난 학교에서 나는 내내 꼴찌였다. 다른 친구들이 공부를 너무 잘했기 때문에 어쩔 수 없이 하는 상대적 꼴찌가 아니었다. 나는 절대적 꼴찌, 정말 아무것도 아는 것이 없는 꼴찌였다. 중학교 3학년 때 몇 달 벼락치기로 공부해 겨우 고등학교에 진학했다. 공부의 목적은 오로지 남들과 같이 진학하고 싶다는 것뿐이었다.

고등학교에 가서도 꼴찌이긴 마찬가지였다. 공부해야 할 이유를 찾지 못했다. 남이 하니까, 어른들이 시키니까 공부를 할 만큼 '착한' 아이도 아니었다. 교과서보다는 문학서적과 무협지, 그리고 위인전을 좋아했다. 믿을지 모르겠지만 무협지를 보면서 권선징악을 배웠다. 어린이 만화에나 나올 법한 대사지만 예순이 다 되어가는 지금까지도 내 삶의 중요한 기준이다. 한 개인의 역사로 보면 정의가 아닌 것이 승리하는 예도 많았지만 인류의 긴 역사의 관점에서 보면 결국 정의가 이겼다. 어쩌면 '정의는 반드시 승리해야 한다' 고 믿는 것인지도 모른다.

　　정의감은 강했어도 학생의 본분은 소홀했던 나를 아버지는 한 번도 나무라지 않으셨다. 학교에 가지 않고 하루 종일 음악 감상실이나 만화방에서 보낸 적도 더러 있었는데도 말이다. 다만 거짓말만 하지 않으면 되었다. 학교에 가지 않았으면 가지 않았다고, 만화방에 갔으면 만화방에 갔다고 솔직하게 말씀드리면 그걸로 되었다. 학교에 가지 않은 것은 용납이 되어도 거짓말을 하는 것은 용서하지 않으셨다. 억지로 끌어다 책상 앞에 앉혀봐야 소용없다는 것을 아버지는 아셨고 언젠가는 당신의 아들이 제 궤도로 돌아올 거라는 믿음이 있으셨던 것 같다.

　　그러나 담임선생님은 그렇지 않았다. 대개 공부를 못하고 불성실한 학생은 선생님께 미운털이 박히기 마련이다. 공부도 못하고 수업 시간에 엉뚱한 짓을 하고, 학교를 빼먹고 담배까지 피우는 나는 문제아의 조건을 완벽하게 갖추고 있었다. 대놓고 문제아였던 내가 수업시간에 손바닥만한 트랜지스터 라디오 이어폰을 끼고 있던 일은 선생님의 분노를 폭발시키기에 충분했다. 키가 커서 늘 뒤에 앉았던 나는 걸핏하면 이어폰을 끼고 라디오를 들었다. 그렇지 않으면 책상 밑에 무협지 따위를 놓고 읽었다. 그날도 수업 중에 라디오를 듣고 있었는데 이어폰이 그만 트랜지스터에서 빠져버렸다. 그러면서 내 귀에만 들려야 할 라디오 소리가 선생님에게까지 들리고 말았다.

선생님의 분노는 체벌을 하거나 기합을 주는 방식이 아니라 학생들이 가장 두려워하는 방식으로 폭발했다. 부모님을 모시고 오라는 것이었다. 나는 부모님을 모시고 오는 것이 죽기보다 싫었다. 부모님께 죄송하기도 했지만 무엇보다 자존심이 상했다. 어머니는 중학교 때도 숱하게 학교에 불려오셨다. 고등학생이 되어서까지 어머니를 학교에 모셔오기는 정말 싫었다.

'교모校帽에 분명 '고高'자가 붙어 있는 고등학생이다. 내 행동에 책임을 질 수 있는 나이인데 왜 부모님을 모시고 오라는 것인가.'

서로의 자존심 싸움 때문이었을까, 내가 부모님을 모시고 오지 않는데도 선생님은 집으로 직접 전화를 하지 않으셨다. 부모님과 상담을 해야 할 필요가 있다면 집으로 전화를 하면 그뿐인데도 끝내 학생과 승부를 보려 하셨다. 매일 담임선생님과 마찰을 일으켰다. 출구가 없었다. 부모님께 학교에 가지 않겠다고 말할 수는 없고 학교에 가면 괴로웠다. 그러나 부모님을 모셔 오는 건 더 못할 짓이었다.

그렇게 거의 한 달 동안 힘든 나날을 보내던 10월의 어느 날, 나는 방문을 걸어잠갔다. 지금 생각하면 철없는 행동이지만 당시에 나는 절박했다.

어머니는 평소에는 열려 있던 방문이 잠긴 것도 이상하고 불러도 대답이 없으니 불안했을 것이다. 방문을 따고 들어가보니 아들이 약을 먹고 쓰러져 있었다. 만약 아버지가 의사가 아니었다면, 나는 그때 죽었을지도 모른다. 아버지는 재빠르고 적절한 조치로 아들을 살려내셨다.

그리고서도 아버지는 나를 나무라지 않으셨다. 어떻게 그러실 수 있었는지, 나는 며느리까지 본 나이가 되어서도 이해가 되지 않는다. 의사로서 워낙 바쁘기는 하셨지만 자식들에게 무관심한 아버지는 아니셨다. 시대가 그랬던 만큼 육아는 어머

니의 몫이었지만 그렇다고 나 몰라라 하시지는 않았다. 믿고
기다려주시는 쪽이었는데, 그 깊은 속을 헤아릴 길이 없다.

아버지는 꾸지람을 하는 대신 조용한 어조로 물어보셨다.

"도대체 왜 그런 거냐?"

"담임선생님하고 싸워서…….."

"그래서, 앞으로 어떻게 할 생각이냐?"

"학교 다니기 싫습니다. 경기고등학교는 인간미 없고 저
에게 스트레스만 주는 학교입니다. 다니기 싫은 학교입니다."

아버지는 잠깐 생각하시더니 여전히 조용하게 말씀하셨다.

"그럼, 학교 다니지 마라."

02
나의 영웅 오나시스

학생이 학교에 다니지 않으니 할 일이 없었다. 하루 종일 집에서 놀았다. 무협지며 위인전 따위를 읽으며 시간을 죽였다. 열일곱 먹은 새파란 놈이 하루 종일 그러고 있으면 어느 부모라도 속에서 불이 날 텐데 아버지는 무려 두 달을 기다려주셨다. 석 달째 놀고 있을 때 아버지가 다시 부르셨다. 아버지의 말투 어디에서도 꾸중하는 기색을 느낄 수 없었다.

"어떻게 살 생각이냐?"

"학교는 싫습니다."

"그럼?"

"장사를 하고 싶습니다."

충동적으로 한 대답이 아니었다. 나는 정말 장사를 하고 싶었다. 그 당시 나의 영웅은 그리스의 선박 왕이자, 케네디 대통령의 미망인이던 재클린 여사와의 결혼으로 화제의 중심에 서기도 했던 세기적 부호 오나시스였다. 그는 멋진 자가용 배에 연인이자 오페라 가수였던 마리아 칼라스를 태우고 파티를 벌였다. 특히 선글라스를 끼고 있는 그의 모습이 어린 마음을 흔들었다. 아버지의 것을 훔쳐 써보기도 했는데 안타깝게도 나는 얼굴이 넓적해서 도저히 어울리지가 않았다. 선글라스는 어울리지 않는 얼굴이지만 장사를 하면 오나시스처럼 멋들어지게 살 수 있을 것 같았다. 내 대답에 아버지는 이번에도 조용히 말씀하셨다.

"그럼, 그렇게 해라."

세월이 흐른 뒤에 그날의 일을 여쭤보니 이렇게 답하셨다.

"네가 학교 가기 싫다는데 아비가 억지로 보낼 수는 없고, 공부는 못해도 덧셈 뺄셈은 배운 것 같고. 장사하는 데는 그것만 있으면 되니까."

아버지는 남대문에서 옷가게를 하고 계시던 먼 친척 아저씨에게 연락을 넣으셨다. 거기서 장사를 배워보라는 것이었다.

그때가 1월쯤이었던 것 같다. 점퍼를 입고 남대문 시장으로 갔다. 한 평이나 될까 말까 한 가게에 옷이 빽빽하게 걸려 있었다. 나도 함께 점원처럼 연탄불을 쬐며 서 있었다. 내 또래의 소년 하나가 가게 앞에서 멈춰섰다. 걸려 있는 옷들을 둘러보던 소년은 점퍼 하나를 가리켰다. 아저씨가 내려준 옷을 입어본 소년은 마음에 드는 눈치였다.

"얼마예요?"

"2만 원."

소년은 고개를 갸웃했다. 비싸다는 뜻이었다.

"7천 원 깎아서 1만3천 원에 가져가."

소년의 얼굴은 밝아지지 않았다. 더 난감해하는 것 같았다. 아저씨는 짧게 한숨을 쉬더니 공격적으로 물었다.

"너 얼마 있냐?"

"4천 원밖에……."

"그럼 그 돈에 가져가라."

어린 나이에 생각해도 터무니가 없었다. 아저씨는 소년에게 2만 원이 있었다면 그 돈을 다 받았을 것이고, 1만 3천 원이 있었으면 그 돈을 다 받았을 것이다. 깎는다고 해도 몇천 원이지, 이건 흥정이 아니었다. 속이는 것이었고 정직하지 않은 것이었다. 하루 만에 나는 장사꾼의 꿈을 접었다. 물론 정직하지 않다는 것이 포기한 이유의 전부는 아니었다. 날씨도 추웠고 점퍼를 걸치고 서 있는 것도 마음에 내키지 않았다. 그런 내가 자라서 오나시스처럼 멋지게 될 것 같지도 않았다.

집으로 돌아와서 아버지께 말씀드렸다.

"아버지, 저 장사 안 할래요."

"그럼, 그렇게 해라."

03
좌절된 소년의 꿈

나는 하루 만에 다시 구들장을 짊어지고 사는 젊은이가 되었다.

내가 한가로운 시간을 보내고 있을 때 아버지는 다시 아들을 위

한 구상에 들어가셨던 모양이다. 한동안 아무 말씀도 없으시더

니 나를 부르셨다.

"장사가 아니면 무엇을 하고 싶으냐?"

"다른 학교라면 몰라도 경기고는 안 가고 싶습니다."

잠시 사이를 둔 아버지는 뜻밖의 제안을 하셨다.

"미국에 가보는 건 어떠냐?"

미국이 별천지처럼 여겨지던 시절이었다. 해외여행이나 유

학이 쉽지 않은 때였지만 아버지에게는 복안이 있었다. 미국에는 못사는 나라 아이들을 데려다가 자기 집에서 학교를 보내주는 자선사업 같은 제도가 있었다. 조건도 없고 대가도 없이 불쌍한 아이 하나 거두어주는 개념이었다. 마침 아버지가 아시는 분 중에 오래전 미국으로 건너가 아이오와 주에서 치과의사를 하고 계시던 분이 있었다. 그분 집에 나를 보내자는 것이었다. 나는 두말없이 좋다고 대답했다. 아버지의 권유가 이어졌다.

"그러자면 영어를 배워야 한다. 학원에 다녀라."

미국에 갈 꿈에 부풀어 학원 수업을 들었다. 같이 수업을 듣는 사람들은 모두 직장인이거나 이민을 준비하는 어른들이었다. 열심히 '아이 앰 어 보이'를 되뇌었고 아이오와 주 지역 신문에는 한국에서 노성일이란 아이가 올 것이라는 뉴스가 내 사진과 함께 실렸다.

그런데 마침 그때 국가적인 사건이 터졌다. 1968년 1월 21일 '김신조 간첩 일당 청와대 피습사건'이 일어난 것이다. 이틀 뒤에는 북한 원산항 앞에서 미국의 푸에블로호가 납치되었다. 당장 전쟁이 날 수도 있는 상황, 비상시국이 선언되었다. 유학생을 비롯해 전 국민의 해외 출국이 금지되었다. 미국에 갈 생각에 부풀어 있던 소년의 꿈도 좌절되고 말았다.

달리 방법이 없었다. 어쩔 수 없이 한두 달 더 쉰 다음에 다시 경기고 1학년이 되었다. 그래도 여전히 공부와는 담을 쌓고 지냈다. 3학년이 되자 본격적으로 대학 이야기가 나오기 시작했다. 친구들은 과만 다를 뿐 거의 대부분 서울대를 생각하고 있었다. 중학교 3학년 때 그랬던 것처럼 이번에도 친구들과 함께 진학을 하고 싶었다. 남들은 다 대학에 가는데 나만 못 가는 것도 자존심이 상했다.

그 무렵, 오나시스가 되고 싶다는 꿈은 완전히 접고 있었다. 밑바닥에서 시작하기는 싫었고 오나시스처럼 폼 나는 장사꾼이 되기에는 밑천이 모자랐다. 맹랑하게도 고등학교 2학년 때 아버지의 재산을 분석해보니 내 기대만큼 되지는 않았다. 화물선을 타고 미국에 유학을 가서 무일푼으로 의사 일을 시작한 아버지에게 많은 재산이 있을 리 없었다.

결국 공부를 시작했는데 정말 백지 상태나 다름없었다. 두 번을 다닌 1학년과 2학년, 무려 3년 동안 교과서라고는 쳐다보지 않았으니 당연한 결과였다. 중학교 때는 공부하자마자 성적이 올라가더니 이번에는 6개월이 지난 후에야 성적이 올라갔다.

　나는 학교 수업은 여전히 듣지 않고 과외를 받았는데 효과가 있었다. 과외 선생의 능력이 학교 선생님들보다 뛰어나서가 아니었다. 원인은 나에게 있었다. 나는 선천적으로 왼쪽 귀가 들리지 않았고 오른쪽 귀도 신통치 않았다. 청력에 문제가 있는 것은 수업을 듣는 학생에게 치명적인 약점인데 당시에는 그렇게 생각하지 못했다. 귀는 귀, 수업은 수업이라고 생각했던 듯하다. 선생님의 말이 들리지 않으니 수업이 재미있을 리 없고, 수업이 재미없으니 학교가 재미있을 수 없었다. 게다가 제일 앞에 앉으면 몰라도 키가 컸기 때문에 늘 제일 뒤에 앉아야 했다. 하지만 과외는 몇 명만 듣는 거니까 잘 들렸고 그만큼 능률도 올랐다.

　대학은 진학 자체가 목표였기에 무슨 학과에 갈지는 생각하지 않고 있었다. 아버지는 넌지시 내 뜻을 물으셨다.

　"연세대 의대는 어떻게 생각하냐?"

　나는 잠시 생각한 후에 그러겠다고 말씀드렸다. 그 잠시 동안 철딱서니 없는 생각이 떠올랐다. 아버지를 본 것이다. 아버지가 환자들을 위해 한밤중에도 병원으로 달려가고 불철주야 노력하는 것은 보지 않았다. 의사의 책임감은 생각도 하지 않았다. 그 대신 내 머릿속에 스친 아버지의 모습은 이런 것이었다.

‘의사인 아버지는 인기가 좋다. 주변 사람들이 존경하고 대접도 해준다. 환자를 고쳐주면 선물도 들어온다. 괜찮은 것 같다.’

당시는 의사가 귀했기에 환자들이 치료를 받고 나면 진료비 외에 따로 선물도 주곤 했다. 가장 흔한 선물이 홍옥 사과였는데, 한 상자에 100여 개가 들어 있었다.

‘대접도 받고 선물도 받을 수 있는 의사.’

이것이 내가 의대를 선택했던 이유였다.

장사를 하면 오나시스처럼 멋들어지게 살 수 있을 것 같았다.

내 대답에 아버지는 이번에도 조용히 말씀하셨다.

"그럼, 그렇게 해라."

04

불량 의대생

대학에 가서도 정신을 차리지 못했다. 대학진학이라는 목표는 이루었지만 달리 공부해야 할 이유를 찾지 못했다. 담배를 피우고 술을 마시고 당구를 치면서 세월을 보냈다. 그런데 본과 진급을 위한 시험을 쳤을 때 아버지는 또 나를 놀라게 하셨다. 생각해보면 얼마든지 삐뚤어지고 형편없는 삶을 살 수도 있었을 아들을 아버지의 인내와 지혜가 올바른 길로 이끈 것이 아닌가 생각한다.

당시 나는 공부를 하지는 않았지만 유급될 정도는 아니었다. 놀랍게도 꽤 잘하는 과목도 있었다. 유기화학이라는 과목이었는데 화학은 고등학교 때도 쉽게 따라잡았던 과목이기도 했다. 그런데 친한 친구가 유기화학은 젬병이었다. 특단의 대책을 세우지 않는 한 그 친구는 그 한 과목 때문에 유급이 될 것이 뻔했다. 한 과목 때문에 1년을 더 다녀야 하는 처지였다. 우정은 깊고 두뇌는 약삭빨랐던 우리는 대리시험이라는 '묘안'을 생각해냈다. 나는 이미 유기화학에서 필요한 점수를 다 따둔 상태였기에 성공만 한다면 문제가 없었다. 우리는 서로의 이름을 답안지에 바꿔 적어냈다.

성공의 기쁨은 잠시, 약삭빠른 학생들은 교수님 손바닥 안에 있었다. 하긴 비슷한 '범죄'를 저지른 학생이 일곱 명이나 되었으니, 교수님이 굳이 손바닥을 펼치지 않았어도 되었을 것이다. 부정행위를 했으니 낙제 당하는 것은 당연한데, 그것만은 막고 싶었다. '낙제하겠구나'라는 생각을 하자마자 부모님의 얼굴이 떠올랐다.

'그만하면 충분히 괴롭혀드렸고 실망시켜드렸다. 그렇다고 지금 효도를 하고 있지도 못하다. 그런데 고등학교 때에 이어 또 낙제라니……'

친구와 함께 교수님을 찾아갔다. 손에는 '뇌물'인 양주가 들려 있었다. 교수님은 더는 어떻게 해볼 수 없을 만큼 단호하게 거절하셨다. 그 후 하루하루가 고통이었다. 얼마 후면 아시게 될 텐데도 부모님께 도저히 말씀을 드릴 용기가 나지 않았다. 터벅터벅 집으로 걸어오던 어느 날이었다.

"타라."

퇴근하고 돌아오시던 아버지가 차를 세우셨다. 내가 고등학교 3학년 때 생긴 우리 집의 첫 차였다. 차에 탄 지 얼마 되지 않아 죄를 고백했던 것은 아버지의 표정 때문이었을지도 모른다. 내 어두운 얼굴을 보고 무언가 고민이 있다는 것을 다 아니까 편하게 말해보라는 아버지의 표정. 나는 대리시험을 쳤고 낙제할 것이라고 말씀드렸다. 아버지는 여전히 차분하셨다.

"대리시험을 치면 어떤 징벌을 받는지는 알고 했느냐?"

"알았습니다."

"그런데 왜 했냐?"

"친구가 낙제하게 생겨서 했습니다. 같이 올라가고 싶은데 한 과목 때문에 못 올라가면……."

"그래, 잘못한 건 아느냐?"

"예, 알지만 친구를 위한 마음으로 했습니다."

아버지는 깊고 간단하게 상황을 정리해주셨다.

"잘못한 것도 알고, 처벌도 각오하고 한 행동이면……, 일 년 늦는 건 좀 서운하지만 내년에 다시 해서 올라가면 된다."

그것으로 용서받을 수 있었다. 나는 정말 뛸 듯이 기뻤다. 천국의 소리가 들리는 듯했다. 중고등학교 때는 무협지에서 권선징악과 정직을 배웠고 대학교 때는 대리시험 사건을 통해서 준법정신을 배웠다. 이 세 가지는 지금까지도 내 경영의 중요한 원칙이 되고 있다.

그런데 어떻게 된 일인지 친구와 나의 이름이 본과 진학 명단에 있었다. 교수님이 아량을 베풀어주셨는지, 낙제생이 너무 많아서였는지 이유는 모른다. 나중에 듣기로는 낙제생 중 한 명이 '세도가의 자제'였기 때문이었다고 했지만 확실하지는 않다.

05
내 삶에
혁신이 시작되다

중학교부터 무려 8년간 불량학생으로 지내던 내가 본과 1학년이 되었다. 그리고 사건이 발생했다. 이 사건은 객관적인 시각으로 보면 지극히 평범한 일이었으나 내게는 일생일대의 사건이 되었다.

의대 학생들이 무의촌에 의료봉사를 가는 건 매년 있는 일이다. 본과 1학년이 무엇을 알겠는가. 그냥 선배들을 거들기나 할 뿐이었다. 따지고 보면 선배들도 후배들보다 조금 더 알 뿐 아는 게 없기는 마찬가지였다.

그럼에도 불구하고 선배들이 진료하는 모습을 보면서 나는 두려움을 느꼈다. 충격 그 자체였다. 내가 사람들의 병을 고치는 의사가 된다는 사실을 그때 처음으로 깨달았던 것 같다. 사람 목숨을 다루는 의사가 공부를 하지 않으면, 뭘 모르는 의사가 되면 하얀 가운을 입고 돌아다니는 살인기계가 되는 것이었다. 거기까진 아니더라도 적당히 공부하고 적당한 실력의 의사가 된다고 생각하니 내 양심이 반기를 들었다. 그러면 안 된다고 생각했다. 내가 아는 의사는 못 고치는 병이 없어야 했다. 의사는 다 고쳐야 한다고 생각했다. 그것이 의사인 아버지를 보는 내 시각이었다.

봉사활동에서 돌아온 나는 '양심에 입각해' 도서관에 가기 시작했다. 수업을 들을 때는 맨 앞 왼쪽에 앉았다. 고등학교 때는 들리지 않던 선생님들의 말이 오른쪽 귀로 들렸다.

좋은 학생이 되려면 교과서만 보면 되는 줄 알았다. 교과서만 보면 학생의 본분을 다하는 거라고 생각했다. 그런데 친구가 다른 책을 보고 있었다. 같은 의학 도서지만 그림도 많고 이해하기도 쉬웠다. 그때 책이라는 것은 교과서가 전부가 아니라는 것, 그 밖의 다양한 책들을 섭렵함으로써 지식이 충만해진다는 것을 알았다. 그래서 다양한 책을 읽기 시작했다. 1985년에 미국에 들어갈 때 정리해보니 의학 서적만 4, 5백 권 정도였다. 벽장은 꽉 채울 정도의 양이었다.

매일매일 1인치 더 실력 있는 의사가 되기 위해 노력했다. 시험을 위한 암기보다는 공부의 근본 목적인 병을 치료하기 위한 원리 이해 위주의 공부를 했다. 배움이란 앞사람들의 지식을 아는 것에서 끝나는 것이 아니라 거기에서 나 스스로 깨닫는 데까지 가야 진짜 제대로 배운 것이라고 생각했다.

발표도 조금 더 잘하고 싶었다. 〈저널 프레젠테이션〉이라고 학생들이 의학 저널을 읽고 그 내용을 발표하는 수업이 있었다. 모두들 자기 차례가 다가오는 것을 싫어했다. 발표가 끝나면 하기 싫은 숙제를 끝낸 듯 어떻게든 치러냈다는 것에 만족하고들 있었다. 나는 그러고 싶지 않았다.

발표는 내가 이해하는 것을 다른 사람에게 이해시키기 위한 것이다. 모두들 말로만 발표를 하고 지나갈 때 나는 커다란 종이에 매직으로 글을 쓰고 그림을 그렸다. 그것을 넘겨가면서 내가 이해한 것을 설명했다. 발표가 끝난 후 교수님이 말씀하셨다.

"생긴 건 그래도, 발표는 굉장히 잘하네."

그날 집에 가서 거울을 봤던 기억이 있다.

무의촌에서 충격을 받은 후 의대생다운 의대생이 되기 위해, 나아가 의사다운 의사가 되기 위해, 남들과 조금이라도 다르기 위해 노력했다. 이때부터 1인치의 싸움이 시작된 것이다. 본과 4년 동안 1인치를 움켜쥐기 위해 싸웠고 나는 떳떳해졌다. 나 스스로 인턴이 될 자격이 있다는 자신감이 생긴 것이다.

인턴과 레지던트 때에도 나의 혁신은 계속되었다. 세미나 때 다른 사람들은 모두 관행적으로 8절지에 써서 발표를 했는데 나는 이 형식에 의문을 제기했다.

'왜 꼭 8절지여야 하고 왜 꼭 누런 종이에 해야 하나. 왜 글만 있고 그림은 없나.'

나는 좀더 요약해서 16절지에 필요한 내용을 담았다. 글만 있으면 이해하기 어려우니까 그림과 도표도 넣었다. 지금은 이 과정이 쉽지만 그땐 컴퓨터가 없던 시절이다. 타이핑을 할 때 빈 공간을 두었다. 거기에 그림을 붙이고 다시 복사를 했다. 그렇게 하니 나만의 책이 되었다. 누가 하는 걸 본 것도 아니었다. 세미나의 목적, 즉 나의 지식을 다른 사람에게 정확히 알기 쉽게 전달하기 위한 묘안을 짜내다보니 그런 아이디어가 나온 것이다.

다른 사람들에게는 숙제였던 세미나가 나에게는 기회였다. 나는 학교에 남아 교수가 되고 싶었다. 세미나를 잘한다는 건 가르치는 능력이 있음을 증명하는 길이기도 했다. 실제로 군대에서 제대할 무렵에 산부인과 주임교수님께서 전임강사로 남으라는 말씀도 해주셨다. 그러나 제일병원 원장으로 계시던 아버지의 생각은 달랐다. 아버지는 내가 제일병원에서 일하며 병원에 도움을 주기를 바라셨다.

배움이란 앞사람들의 지식을 아는 것에서 끝나는 것이 아니라

거기에서 나 스스로 깨닫는 데까지 가야

진짜 제대로 배운 것이라고 생각했다.

06
작지만
다이아몬드 같은 병원

나도 제일병원에 도움이 되고 싶기는 했지만 나는 교수가 되어 학교에서 공부하고 연구한 것을 제일병원에 전달해주는 것으로 기여하고 싶었다. 그럼에도 불구하고 아버지의 뜻은 완강했다. 아버지는 내가 반드시 제일병원에 들어와야 한다고 하셨다. 한 번도 내게 당신의 뜻을 강요하지 않던 분이라 더는 내 뜻을 주장할 수 없었다. 나는 제대 후 제일병원에 들어갔다.

내가 군 복무 중이던 당시 산부인과 의사들의 화두는 시험관아기였다. 1978년 영국에서 첫 시험관아기가 태어났고 호주와 미국에서도 성공했다는 소식이 들렸다. 나는 군 복무 기간의 대부분을 체외수정과 시험관아기에 대한 연구를 하면서 보냈다. 그리고 제대 후 본격적으로 연구에 매달렸다. 1985년 여름, 제일병원에서 처음으로 환자에게 시험관아기시술이 시행되었다. 그러나 실패였다. 오랜 연구와 각고의 노력이 있었음에도 기술이 부족했던 모양이었다. 그러던 중 그해 가을, 서울대학교병원에서 국내 처음으로 시험관아기가 태어났다.

나는 좀더 많은 공부가 필요하다고 생각했다. 시험관아기뿐 아니라 생식내분비학에 대한 깊고도 넓은 공부를 하고 싶었다. 제일병원의 시험관아기 연구도 완성단계에 있었다. 내 손으로 임신시키고 아이까지 보고 싶은 욕심도 없지 않았다. 그러나 눈앞의 작은 성과보다는 큰 진보를 향한 선택을 해야 했다. 우선은 선진기술을 따라잡는 것이 먼저였다.

나는 1985년 12월, 2년간의 펠로(fellow, 일부 대학의 선임연구원) 과정을 위해 오하이오주립대학으로 유학을 떠났다. 미국에 도착한 지 며칠 되지 않아 제일병원 연구팀에서 시험관아기 시술에 성공했다는 낭보를 받았다. 나는 풀쩍풀쩍 뛰어다닐 만큼 기뻤다. 군 복무 시절부터 수년간의 노력이 빛을 보는 순간이었다. 그러나 안타깝게도 출산까지 이어지지는 못했다. 제일병원 최초의 시험관아기가 태어난 것은 그로부터 1년 후인 1987년 11월이었다.

인턴시절 결혼을 했기에 당시 나에게는 이미 아내와 아이가 있는 몸이었다. 가족을 데리고 LA에 도착하자 동서가 마중을 나와 있었다. 여장을 풀고 식사를 한 다음에 동서 내외가 어디에 가고 싶으냐고 물었다.

"미국 병원을 보고 싶은데……."

동서 내외는 어이없다는 표정이었고 집사람은 황당하다는 표정이었다. 보통 미국에 오면 디즈니랜드나 유니버설스튜디오 등 아이들이 좋아하거나 풍경이 멋진 곳을 찾는데, 병원이라니. 그것도 2년 내내 병원에서 살다시피 할 사람이 말이다. 하지만 나는 공부를 하러 간 사람이었으니 내 입장에서 보면 병원을 먼저 찾는 것이 지극히 당연한 일이었다.

황당하지만 남편의 고집을 아는 아내와 나는 UCLA 병원으로 갔다. 첫번째 놀란 것은 병원의 주차장이었다. 주차장이 우리나라 병원 건물보다 더 좋았다. 이제 막 마이카My Car 시대가 시작되던 우리나라에 그렇게 큰 주차장은 필요 없지만 머지않아 필요하게 될 것이라고 생각했다. 그리고 주차장은 편리해야 하고 본원 가까이 있어야 한다는 것을 알았다. 두번째 놀라움은 한가로운 병원 1층이었다. 우리나라에서는 외래, 접수, 수납 등으로 북적대고 있어야 하는데 안내판만 한가로이 서 있었다. 진료실이나 의사들 방은 전 층에 걸쳐 흩어져 있었다. 이 두 가지 놀라움은 나중에 미즈메디를 설계할 때 반영되었다. 미즈메디 1층에는 접수와 약국만 남겨두고 정원, 커피숍 등 환자 편의시설을 두었다.

미국에서 정말 신나게 공부했다. 공부 그 자체는 늘 고통스럽지만 미국은 자료정리가 잘되어 있어서 한국에서 일주일 동안 해야 할 공부를 2시간 만에 할 수 있었다. 매일 새벽 3시까지 논문을 읽었다. 그러다보면 어느 순간 각각의 지식들이 염주알 꿰듯 한 줄로 정리되었다. 그렇게 정리된 것들은 바로바로 제일병원으로 보냈다. 산모에게서 추출한 난자를 수정시켜 얼려두었다가 사용하는 '배아동결법'은 그때 내가 보내준 자료를 바탕으로 완성시킨 것이다.

귀국 후 제일병원의 시험관아기 성공률은 약 30~40퍼센트로 껑충 뛰었다. 이전에 10퍼센트였던 것과 비교하면 비약적인 발전이었다. 나와 같은 공부를 한 사람이 많지 않을 때여서 국내

기술 발전에도 어느 정도 기여할 수 있었다. 외국보다 4, 5년 뒤지던 기술의 격차가 6개월 이내로 줄어들었다. 외국에서 새로운 기술이 개발되었다고 하면 언제든 달려가서 배웠다. 1990년대에 접어들면서는 외국과 거의 비슷한 수준의 기술을 유지하게 되었다. 물론 기술의 발전이 나만의 공로는 아니다. 한 병원의 의료기술이 한 사람에 의해 좌지우지되는 예는 드물다. 여러 구성원들의 노력이 만들어낸 모두의 작품이었다.

나는 제일병원을 작지만 다이아몬드 같은 병원으로 만들고 싶었다. 제일병원이 1963년에 개원했으니 모든 게 낡아 있었다. 기존에 오래 근무를 해오신 분들의 눈으로 보면 아무 문제도 아닌데 내 눈에는 모두가 개선해야 할 대상으로 보였다. 유학을 갔다 오니 고칠 점들이 더 잘 보였다.

병원의 기조실장으로 있으면서 병원의 혁신을 시작했다. 직원들을 대상으로 '변해야 한다'고 강의를 하기도 했다. 밥 먹는 데 위아래가 어디 있느냐는 생각에 간부식당을 없앴다. 그리고 식당에 샹들리에를 달아 환하게 했다. 컴퓨터가 생소하던 시절에 컴퓨터로 회계를 하게 했다.

복도 벽에 걸려 있던 동양화들도 전부 없앴다. 그 그림들을 걸 때는 운치 있고 보기 좋았을 수 있지만 너무 오래되어서 낡아 보였다. 그 자리에는 서양화를 걸었다. 동양화와 서양화 중 어느 것이 더 좋다고 할 수는 없지만 내가 원했던 것은 세련된 이미지의 병원이었다. 더불어 복도 벽에 덕지덕지 붙어 있던 각종 알림판 따위도 모두 정리했다. 병원에 계시던 어른들은 처음에는 반대를 하셨지만 막상 내가 제안한 대로 바꾸고 보니 괜찮았던지 더는 반대를 하지 않으셨다.

많은 아이디어를 냈고 반영도 됐지만 한계는 분명했다. 당시 내가 추진하고 있던 분당 분원 계획이 취소되어버린 것이다. 지금의 차병원 자리의 땅으로 모든 준비를 마치고 있었다. 그런데 돌연 병원의 어른들께서 마음을 접으셨다. 벌써 60세가 넘으신 연세이니 모험을 피하고 싶은 것도 무리는 아니었다. 이해는 하지만 받아들이기는 힘들었다. 내가 만들고 싶은 병원을 만들지 못한다는 것이 젊은 나에게는 절망이었다. 그 사건이 내가 제일병원을 떠나는 결정적인 계기가 되었다.

나는 꿈이 많았고, 작지만 새로운 곳에서 그 꿈을 내 뜻대로 펼칠 수 있는 병원을 만들고 싶었다. 남과 같은 병원이라면 시작하지도 않았을 것이다. 학생 때부터 내가 만들고 싶은 병원의 그림을 조금씩 그려왔었다. 발표를 할 때도 무언가 조금 다르게 하고 싶었던 것처럼 배우는 중에도 남다른 병원을 생각하고 있었다. 미국에 가서 우리보다 앞선 병원들을 보면서 한국의 병원이 얼마나 달라져야 하는지 알았다. 그리고 제일병원에 있으면서 우리나라 병원이 고쳐할 점이 거의 정리되었다. 지금 미즈메디의 모습은 그 시절 이미 완성되어 있었던 것이다.

아버지는 반대하셨지만 이번에는 내 고집을 꺾지는 않으셨다. 1991년 6월, 역삼동에 영동제일병원을 개원했다. 일반 사무실을 제외하고 슈퍼마켓이든 식당이든 1층에 있는 것이 유리하다. 눈에도 잘 띄고 손님들이 들어오기도 편하기 때문이다. 병원도 마찬가지다. 그런데 영동제일병원은 4층부터 시작됐다. 4층이 임대료가 쌌기 때문이다. 병원 간판을 보고 온 환자들 중에는 입구를 찾지 못해 그냥 돌아가는 사람도 있었다. 없어졌는데 간판만 있다고 착각했던 모양이었다.

임대한 건물의 4, 5, 6, 7층에 5명의 의사와 20여 명의 직원. 미즈메디의 시작이었다.

나는 꿈이 많았고,

작지만 새로운 곳에서 그 꿈을 내 뜻대로 펼칠 수 있는 병원을 만들고 싶었다.

남과 같은 병원이라면 시작하지도 않았을 것이다.

07
어제의 치료법은
오늘은 구식이다

아는 것이 힘이라는 말은 온전한 명제가 아니다. 아는 것을 행동으로 옮길 때 비로소 진짜 힘이 된다. 미국에 유학을 간 사람이 나뿐이 아니고 거기서 놀라움을 금치 못했던 사람도 나뿐이 아닐 것이다. 그러나 많은 사람들이 의료 선진국에서 기술은 배워왔을지 몰라도 환자를 대하는 마음을 배워온 사람은 많지 않은 것 같았다. 내가 미국에서 본 병원은 서비스업이었다. 약 20년 전이지만 의사가 권위를 가지는 시대는 지나 있었다.

나는 시대 변화의 문제가 아니라 그렇게 변하는 것이 옳은 것이라 믿었고 그 옳은 일을 해내고 싶었다. 이것이 내가 남과 다른 병원을 만들 수 있다는 자신감의 근거였다. 상당수 병원들이 불친절하고 권위적인 태도로 의료행위를 하고 있다면, 사람들은 옳은 태도를 가진 병원을 찾을 것이라고 확신했다. 옳은 태도는 환자에게 권한을 돌려주는 것이었다.

물론 그러려면 의료기술이 바탕에 있어야 했다. 우리가 가진 의료기술의 핵심은 불임 치료와 복강경 수술이었다. 1987년에 이미 시험관아기를 성공시켰다. 현장에 내가 있지는 않았지만 나도 중요한 역할을 담당했다. 영동제일병원은 분만보다는 외래 위주의 병원이었다. 임신이 어려운 난임難姙 환자들에게 '아이를 만들어 드린 후' 일정 기간 동안 환자들을 보살펴 드렸다. 그리고 분만은 다른 병원에서 하도록 했다. 분만까지 하기에는 병원의 공간이 협소했다.

복강경 수술은 배를 열지 않고 하는 수술이다. 배에 구멍만 뚫고 내시경을 복강 내로 넣어 모니터를 보면서 수술을 한다. 자궁에 혹이 있거나 자궁외임신 등의 문제가 생기면 기존에는 일주일 동안 입원해야 했다. 하지만 복강경 수술은 입원 기간을 하루 이틀로 줄여버렸고, 수술 당일에 집에 가는 사람들도 있었다.

그런데 환자들에게 환영받는 수술이 일부 동료들에게는 비난의 대상이 되었다. 배를 열지도 않고 조그마한 모니터를 통해 봐야 얼마나 정확하게 볼 것이며, 혹을 잘라내더라도 얼마나 깔끔하게 잘라내겠냐는 것이었다. 분명히 한계도 있고 시간도 오래 걸릴 것이라고 했다. 심지어 그렇게 좁은 관으로 큰 혹은 어떻게 빼내느냐고 하는 이들도 있었다. 그것은 혹을 잘게 부수어서 뽑아내는 기계를 보지 못했으니 그런 억측을 하는 것이었다.

시험관아기 때도 마찬가지였다. 환자가 시험관 시술을 통해 임신이 됐다고 발표하자 모교 선생님들 중 한 분이 이렇게 말씀하셨다.

"너 진짜 임신시키고 이야기하는 거냐?"

"예, 임신이 됐으니까 됐다고 하지요."

당시 의료계는 이를 두고 '병원 장사'를 위한 술수라고 치부하는 경향이 강했다.

새로운 것, 좋은 것이 지나가도 사람이 눈을 뜨지 못하면 그 가치를 발견하지 못한다. 새로운 기술에 대한 안목이 없으면 눈앞에 다이아몬드를 두고도 알아보지 못한다. 잡지나 문헌에서 좋은 기술을 보면 적극적으로 수용해 써먹는 사람이 있고, 그런 사람을 보고 따라오는 사람이 있고, 뒤에서 의심스럽다며 비난만 하는 사람이 있다. 어느 쪽이 혁신의 선두에 설지는 자명하다.

영동제일병원은 혁신적인 기술로 의료기술 자체의 수준을 높임과 동시에 환자에게 권리를 돌려주는 서비스라면 사소한 부분에서도 혁신을 했다. 사소한 부분이라도 환자가 느끼는 '체감 서비스 만족도'는 결코 사소하지 않기 때문이다.

이전까지 산부인과 진찰실은 환자의 수치심을 유발하기가 쉬웠다. 진찰을 받고 커튼 속으로 들어가 옷을 갈아입고 있으면 다음 환자가 들어온다. 옷을 갈아입고 나가면 서로 눈이 마주칠 수밖에 없다. 산부인과에 오는 것도, 임신이 잘되지 않는 것도 부끄러운 일은 아니지만 가능하면 조용히 진료받고 싶은 것이 환자들의 마음이다. 그러나 환자의 프라이버시가 전혀 보호되지 않았고, 병원 측의 배려도 매우 소홀했다. 그래서 진찰실을 두 개로 만들었다. 의사는 가운데 방에 있으면서 양쪽 진료실을 드나들며 환자를 보게 했다. 그러면 두 환자가 마주칠 일은 없다. 기존 병원보다 두 배의 공간이 필요했지만 환자들에게는 좋은 일이었다.

진료실의 조명을 어둡게 한 것도 환자들이 조금이라도 덜

부끄럽게 하기 위함이었다. 환자들은 의사를 기다리며 20여 가지의 문진표에 미리 체크를 한다. 어떤 부분을 진료받고 싶은지, 상태가 어떤지 등에 대한 질문지다. 미리 작성돼 있으니 의사와 면담할 때는 시간이 절약되었고 의사에게 묻고 싶은 것을 깜빡하는 일도 줄일 수 있었다. 진료 자체도 세밀해졌다.

환자들의 수치심을 줄여주기 위한 노력은 이후에도 계속되었다. 진료를 받기 전, 환자들은 아랫도리를 다 내놓고 얼굴만 커튼으로 가리고 기다려야 했다. 이 불편을 없애기 위해 앞이 트인 치마를 입게 했다. 그러면 의사가 진찰할 때만 걷어서 보면 된다. 그 외에도 검사를 할 때 질 입구를 벌리는 기구인 스페큘럼도 따뜻하게 데워서 사용했다. 내 손도 차고 기계도 차다. 차가운 것이 몸에 닿는 걸 좋아할 사람은 없다.

초음파 기계도 당시에 화제가 되었다. 16대를 한꺼번에 구입한 것이다. 내진하는 손의 감각으로만 진료하던 것을 초음파로 보니 '시력'의 차이가 생겼다. 다른 병원에서는 별도로 검사를 받아야 하는 것인데, 우리는 모든 진료실에 초음파 기계를 설치했다.

전동진찰대도 국내에서 우리가 처음으로 사용했다. 목공소에서 뚝딱 만든 듯한 진찰대 대신 지금의 치과 의자 같은 것을 일본에서 구입했다. 나이 든 여성 환자들을 위해 골다공증 검사 기계도 국내 최초로 들여놓았다. 환자들을 위해서라면 첨단기기 구입을 아끼지 않았다.

지금은 당연한 이런 서비스들이 당시에는 혁신 그 자체였다. 소문이 나면서 업계 동료들의 비난이 일었다.

"노성일 때문에 기계도 사야 하고 인테리어 비용도 높아졌다. 개원비용을 높인 원흉이다."

나는 업계에서 공공의 적이 되었다.

또 하나 욕을 먹은 것은 환자의 다른 병도 체크해주는 것이었다. 미국에서 보니 한 명의 의사가 환자의 전체 몸상태를 봐주었다. 환자는 의사를 한 번 만나면 임파선, 결핵 등 몸 구석구석을 진찰받는다. 의사가 한 명의 환자를 보는 데 30분 이상 걸렸다. 그래야 한다고 생각했다. 환자들은 편하게 진단받을 권리가 있다. 이 병원 저 병원 다니며 검사받고 싶은 사람이 누가 있겠는가. 어떤 대학병원에서는 의사 한 명이 하루에 환자 200명을 보기도 한다. 이것을 진찰이라고 할 수는 없다. 미국과 의료체계가 다르니 제도가 고쳐지기 전까지는 일정 부분 한계가 있는 것이 사실이지만 가능한 한 환자의 편의를 위해 최선을 다했다.

업계에서 욕을 먹을수록 환자들은 우리 병원을 좋아해주었다. 사람들 사이에서 조금씩 소문이 나고 있을 즈음 영동제일병원을 유명하게 만든 일이 발생했다.

아는 것이 힘이라는 말은 온전한 명제가 아니다.
아는 것을 행동으로 옮길 때 비로소 진짜 힘이 된다.

08
혁신은
어려움 속에서 나온다

지금은 기술이 비약적으로 발전했지만, 당시에는 수정란으로 배아를 만들어도 이식하는 데 어려움이 많았다. 배아를 자궁강내로 이식하는 관도 개발이 덜 되어 있었다. 매년 그와 관련된 신기술이 나오고 있었다. 어떻게 하면 이식 성공률을 높일 수 있을까 하는 것은 오래전부터 시험관아기 시술의 중요한 과제였다.

온갖 방법을 연구하던 중 나는 바늘로 직접 찔러넣는 기술을 개발했다. '자궁강내 배아직접주입술'이라고 불리는 이 기술은 자궁벽을 통한 수정란 이식술이었다. 이로 인해 이식의 어려움을 극복할 수 있었다. 그리고 이 기술은 세계 최초였다. 나는 미국에서 열린 학회에서 이 기술을 발표하고 세계 각지에서 온 의사들의 질문에 답했다. 의료계에 몸담지 않은 사람들에게 이 사실은 별로 놀라운 일이 아닐지도 모른다. 하지만 세계 기술 수준을 겨우 따라가던 한국에서 세계를 앞지르는 기술을 개발했다는 것은 매우 뿌듯한 일이었다. 미국의 의사들도 이 기술이 놀랍다며 박수를 쳐주었다.

이 사실은 언론에 크게 소개되었다. '영동제일병원에서 대리모도 성공시키고 시험관아기도 성공시킨 노성일이라는 의사가 이번에는 세계 최초로 자궁벽을 통한 수정란 이식술에 성공했다. 그 의사가 지금 강남에서 병원을 하고 있다'는 것이 기사의 요지였다.

그러자 전국에서 불임환자들이 몰려왔다. 환자들이 몰리는 바람에 밥을 먹을 시간도 없었다. 한 달에 100명의 불임환자를 시술하는 일도 부지기수였다. 오죽했으면 '몇 달 있다가 오시면 안 되겠느냐'는 우스갯소리까지 했겠는가. 한번은 마취과 선생님이 급한 일인 것처럼 호출을 해 달려갔더니 급한 환자는 없고 밥상이 차려져 있었다. 밥도 먹지 못하고 일하는 게 안쓰러워 그렇게 했던 것이다.

아이를 갖지 못하는 사연이야 누군들 안타깝지 않을까마는 그 많은 환자들 중에서도 14년 동안 고통을 당했던 분이 있었다. 외국에서 10번 이상 임신에 실패한 이 분이 영동제일병원에 와서 단 한 번에 임신이 되었다. 이건 기적이라며 고마워하시던 분의 얼굴이 아직도 생생하다.

또 한 분은 52세의 나이에 아이를 갖고 싶다며 병원을 찾아왔다. 이미 대학에 다니는 애가 있는데도 꼭 아이를 낳고 싶다는 것이었다. 이미 폐경이 되었고 나이도 많아서 힘들다고 말씀을 드렸다. 그런데도 그분은 포기하지 않았다. 매일 병원을 찾아오는 등 거의 조르다시피 했다.

"난자 공여도 받아야 하고 연세가 있으셔서 위험합니다."

"그래도 갖고 싶어요. 죽어도 좋으니까 꼭 좀……."

결국 그 환자분이 이겼다. 임신까지 고생을 좀 하기는 했지만 난자를 공여받아 임신을 했고 아기도 건강하게 낳았다. 아이가 초등학교에 다닐 때까지는 간간이 소식을 주고받았는데, 아이가 커가는 모습을 보는 것이 삶의 기쁨이라고 했다. 햇수를 헤아려보니 그 아이가 벌써 고등학생이 되었다.

나에게는 기술이던 것이 임신이 되지 않아 힘들어하던 분들에게는 기적이 되었다. 이런 기적이 이뤄지기까지는 많은 기술적 혁신이 있었다. 혁신은 '만사형통'인 상황에서는 나오지 않는다. 시험관아기 연구를 시작한 지 10년 만에 루이스 브라운이라는 첫번째 시험관아기가 태어났다. 그 후 시험관아기 시술법은 비약적인 발전을 거듭했다.

뭔가 어려움 앞에 섰을 때 그것을 뚫기 위해 애를 쓰는 과정에서 바늘구멍 같은 틈을 만들어낼 수 있다. 구멍 뚫린 둑처럼 일단 뚫리기만 하면 그다음부터는 오히려 일이 쉽다.

1993년 12월, 영동제일병원은 대치동의 새 건물로 옮겼다. 환자는 많았지만 모아둔 돈은 얼마 되지 않았다. 첨단기기와 서비스에 욕심을 내다보니 돈을 모을 틈이 없었다. 개업해서 성공하면 차를 바꾸고 집을 바꾸는 사람도 있곤 했는데 나는 모든 걸 병원에 쏟아부었다. 새 건물은 어머니 명의의 땅에 은행 융자를 받아 지었다. '옳은 병원'에 대한 내 꿈을 본격적으로 실현할 수 있는 공간이었다. 시스템과 기기 등의 혁신에서 병원 건물 자체를 혁신할 수 있었다.

09
언제나
방법은 있다

건축설계는 승효상 씨가 맡았다. 우리는 많은 이야기를 했다. 병원에 관해선 내가 전문가이고 건축에 관해선 승효상 씨가 전문가였다. 멋진 병원이 나오려면 전문가 두 사람의 아이디어가 합쳐져야 했다. 나는 공간을 효과적으로 쓰되 효율만 따지는 건물이 되지 않았으면 했다. 있는 땅을 모조리 병원 건물로 바꾸려면 정사각형밖에 나올 게 없었다. 효율적일지는 몰라도 환자들에게 효과적인 공간이 아니었다. 아름다운 건물, 마음을 편안하게 하는 건물로 만들고 싶었다.

건물의 전체적인 형태는 ㄷ자로 결정되었다. 그리고 중앙에는 정원을 놓았다. 건물 내부에서도 자연을, 사계절을 느낄 수 있게 하고 싶었다. 땅이 좁아 기계식 주차장을 설치하고 보니 자연스레 발레파킹 서비스가 되었다. 그리고 선큰 가든(sunken garden, 주변보다 한 층 낮은 정원)을 만들어 지하에서도 하늘이 보일 수 있게 했다.

우리가 의견 일치를 보지 못한 부분은 화장실이었다. 나는 냄새나고 바닥이 더러운 화장실이 싫었다. 모든 공간이 깨끗하기를 바랐다. 아침에 물청소를 하면 당장은 깨끗하지만 얼마 가지 않아 발자국 때문에 더러워진다. 바닥에 물기가 있으니 당연하다. 물청소를 하고 난 후 걸레로 닦아내도 완벽하게 물기가 없어지지는 않는다. 한 사람 두 사람 화장실을 들락거리면 깨끗한 화장실은 금방 더러워지고 만다. 일단 더럽다고 인식되면 그때부터는 걷잡을 수 없다. '깨진 유리창의 법칙' 처럼 너도나도 거리낌 없이 휴지를 바닥에 버리는 등 화장실 오염에 일조를 하게 된다. 그렇게 더러운 곳에 산모가 들어가게 할 수는 없었다.

원인이 바닥의 물기라면 물청소를 하지 않으면 된다. 물청소를 근본적으로 막는 방법은 수챗구멍을 없애는 것이다. 그러면 물청소를 하고 싶어도 못 한다. 바닥은 걸레로 닦아내면 된다. 또 수챗구멍이 없으면 바닥을 평평하게 만들 수 있고 냄새가 올라오는 것도 막을 수 있다.

수챗구멍을 없애자는 내 의견에 설계사는 수챗구멍은 무조건 있어야 한다고 했다. 나중에 반드시 다시 뚫어야 할 것이고 그러면 돈도 많이 들고 고생도 이만저만이 아니라고 했다. 우리는 의견일치를 보지 못했다. 나는 무조건 내 의견을 들어달라는 뜻으로 강력한 발언을 했다.

"내가 혓바닥으로 핥아서라도 깨끗하게 할 테니까 없애는 걸로 합시다."

결국 내 뜻대로 수챗구멍이 없는 화장실을 만들게 됐다.

강남 미즈메디 건물은 지은 지 19년이 지났는데도 아직까지 뒤떨어지지 않는다. 19년 된 다른 건물과 강남 미즈메디를 비교해보면 쉽게 알 수 있을 것이다. 환자들과 보호자들이 쉬거나 이야기를 나눌 수 있는 라운지도 만들었다. 거기서 공짜 원두커피를 즐길 수 있게 했다. 나는 건물이 마음에 들었다.

그런데 얼마 후 청소용역업체의 도구를 보고서 큰일 났다 싶었다. 그들의 무겁고 투박하고 지저분한 청소도구로 청소를 하다가는 얼마 지나지 않아 낡은 건물이 되겠다는 생각이 들었던 것이다. 대부분 청소업자들의 사정은 열악하다. 도구를 교체하라고 하면 그들은 적자를 감수해야 하거나 그렇지 않으면 우리 병원 일을 맡을 수 없다.

짧은 생각으로 보면 용역비를 아끼는 것이 영리해 보이지만 길게 보면 병원이 손해다. 나는 청소업자에게 카펫 청소기도 새로 사주고 미국에서 수입한 청소카트도 사줬다. 너저분한 청소도구들이 하나의 카트에 깔끔하게 정돈되었다. 병원의 돈이 들어갔지만 손해가 아니었다. 건물이 파손되는 걸 막았고 청소는 더 깔끔하게 되었다. 정돈된 청소도구들은 고객들의 시선을 불편하지 않게 했다.

수챗구멍이 없는 화장실을 생각해낸 것은 우연이 아니다. 어디서 본 것도 아니고 누구에게 들은 적도 없다. 그렇다고 내가 천재인가 하면 그렇지도 않다. 명석하다는 소리는 몇 번 들었어도 천재는 분명히 아니다. 본 적도 들은 적도 없고 건축이나 화장실 청소의 전문가도 아닌 내가 그 아이디어를 낼 수 있었던 이유는 나 스스로 '화장실은 반드시 깨끗해야 한다'라고 정했기 때문이다. 방법을 생각하고 목표를 정한 게 아니라 목표를 정하고 방법을 생각했다. 목표만 흔들리지 않는다면 끝내 방법은 생긴다.

시간이 오래 걸릴 수도 있고 힘이 많이 들 수도 있고 비용이 더 들 수도 있지만 방법은 있기 마련이다. 너무 거창한 비유이긴 하지만 우주왕복선을 가능하게 한 기술보다 인간이 달에 가야 한다는 목표가 먼저였던 것과 같다. 흔들리지만 않는다면 목표는 반드시 이루어진다.

방법을 생각하고 목표를 정한 게 아니라

목표를 정하고 방법을 생각했다.

목표만 흔들리지 않는다면 끝내 방법은 생긴다.

10
미즈메디라는
이름값

1995년, 직원의 수가 100명을 넘기면서 더는 이 병원은 나만의 것이 아니라는 생각이 들었다. 내가 잘못되면 우리 직원들은 어떻게 될까 하는 고민을 그때부터 시작했다. 나와 관계를 맺은 사람들이 나로 인해 불행해지는 일이 있어서는 안 된다고 생각했다. 그러던 중 1996년에 아버지께서 제일병원과 결별을 하셨다. 아버지께서는 그때 나온 재산을 나에게 주려고 하셨다. 하지만 나는 더 이상의 재물은 필요 없고 지금 내게 주어진 것도 과분하다고 말씀드렸다. 내가 받는 게 별 의미도 없을뿐더러 유용한 용처도 있었다. 나는 아버지께 의료법인 설립을 권해드렸다. 누군가는 사회 환원으로 표현하기도 하지만 그런 말도 교만하게 느껴졌다. 나는 내가 가진 부의 소유인이 아니라 이승에 잠시 머무는 동안 맡고 있는 관리인일 뿐이라는 생각이었다. 그렇게 해서 1996년에 성삼의료재단이 설립되었다.

법인을 설립한 건 내가 죽고 난 후를 대비한 것이었다. 개인 소유일 경우, 상속세가 나온다. 내 아들이 무슨 돈이 있어 그 많은 세금을 물 것인가. 병원 건물을 팔아야 하는데 그러면 우리 직원들은 직장을 잃게 된다. 100명의 직원이 직장을 잃으면 그 가족인 400명이 나로 인해 고통을 받게 된다. 가족처럼 이 병원에서 꿈을 이루어가자던 내 약속이 물거품이 된다. 아버지의 입장에서 아들이 내 뒤를 이었으면 하는 바람은 있지만 병원을 잘 이끌어나갈 수 있다는 전제가 되지 않으면 안 된다. 나 역시 지금이라도 나보다 더 병원 경영을 잘할 수 있는 사람이 나타난다면 이 자리에서 물러나야 한다. 미즈메디병원은 사회에 기여하기 위해 탄생했으며 나 혹은 직원들의 소유가 아니라 사회의 것이다.

법인을 설립한 후 강서 미즈메디병원의 공사를 시작했다. 가뜩이나 자금이 불충분한데 IMF까지 터지고 믿었던 주거래 은

행마저 등을 돌렸다. 그때의 상황은 지금 생각해도 아찔하다. 누군가가 위험에 뛰어드는 사람만이 가장 자유롭다고 말했지만 자유를 찾아가는 과정은 혹독했다. 까딱하면 자유는커녕 생존이 위협받을 수도 있는 상태였다. 그래도 명색이 CEO인지라 내색을 할 수도 없었다.

그 와중에도 고민을 하고 있었던 것이 우리 병원의 이름이었다. 그때까지 강남 미즈메디의 이름은 여전히 영동제일병원이었다. 처음 독립을 할 때 강남제일병원이라는 이름을 생각했다. 내가 제일병원 출신이고 강남에 병원이 있어서 그랬던 것인데 이미 등록된 상호였다. 어쩔 수 없이 영동이란 말을 썼는데, 그 말이 점점 사람들 사이에서 사라지고 있었다. 게다가 세련되기보다는 고루한 느낌이었다. '제일'이란 말도 너도나도 쓰는 너무 흔한 단어였다.

또 하나의 문제는 외국에 나갔을 때였다. 외국학회에 우리 병원 이름으로 발표하기에는 영문 표기가 여간 복잡한 게 아니었다. 아무도 기억하지 못하는 이름이었다. 그래서 강서에 병원을 오픈하는 김에 병원 이름을 글로벌한 것으로 바꿔야겠다고 마음먹고 있었다. 그러던 차에 한 경제신문에서 국내에서 인정

받는 10대 브랜드를 발표한 것을 보았다. 그중 9개가 영문으로 되어 있었고 나머지 하나가 '신라면'이었다. 억지로 영어를 쓸 필요는 없지만 사람들이 영문 표기를 선호한다면 우리도 그래야 했다. 그리고 영문 표기가 해외학회에서 발표할 때도 유리할 것이라고 판단했다. 여성전문병원으로서의 성격을 갖고 있을 것, 영어로 표기가 가능할 것, 세계를 통틀어 그 이름이 독창적일 것 등이 당시 내가 생각했던 새로운 병원 이름의 조건이었다.

목표는 정해졌는데 마땅한 이름이 생각나지 않았다. 늘 그 문제를 이마에 붙이고 다니다가 브랜드네이밍 회사를 운영하는 사장님과 우연히 골프를 치게 되었다. 그분은 브랜드이름의 중요성을 설명하면서 자기가 지은 골프장 이름을 예로 들었다. 그분이 의뢰받은 골프장의 이름은 'OO 컨트리 클럽'이었다. 지금도 그런 곳이 많은데, 컨트리 클럽 앞에 지역명을 붙인 이름이었다. 그 지역의 이름을 들으면 대부분 막걸리를 떠올렸다. 그래서 막걸리 이미지를 탈색시키기 위해 그 사이에 '아도니스'라는 말을 붙였다고 했다. 역시 전문가는 전문가라고, 막걸리 이미지가 없어지고 뭔가 고급스러운 느낌이 나는 것 같았다.

나는 그분에게 우리 병원의 이름을 부탁했다. 그렇게 해서

'미즈메디' 라는 이름이 만들어졌다. 미즈메디Mizmedi는 여성 이름 앞에 붙이는 존칭인 미스Miss와 미세스Mrs를 통칭하는 '미즈Miz'와 의학을 뜻하는 '메디신Medicine'의 합성어다. 골프장 이름을 5십만 원에 했다고 해서 가볍게 생각하고 부탁했는데, 청구된 금액을 보니 무려 8백만 원이었다. 놀라운 금액이었지만 이름이 마음에 들었다.

그런데 보건소에 그 이름을 등록을 하러 갔더니 안 된다고 했다. 우선 영어인 데다, 미즈Miz는 너무 낯설고 메디Medi는 메디신Medicine이라는 일반명사와 비슷하다는 것이 이유였다. 그러나 나는 미즈메디라는 이름을 꼭 쓰고 싶었고, 그래서 상급기관인 보건복지부에 유권해석을 의뢰했다. 그렇게 해서 이 좋은 이름을 살릴 수 있었다. 나름 정성을 들이고 고초를 겪은 이름인데 지금은 또 너무 많이 쓰이고 있다. 독창성이 사라지는 것이 안타깝지만 어쩔 수 없는 일이다.

마음에 드는 이름도 얻었고 매일매일 산을 넘는 심정으로 짓던 건물도 완공되었다. 개원을 며칠 앞둔 시점, 이제야 한숨 돌리는가 싶었는데 뒤통수를 치는 사건이 발생했다.

여성전문병원으로서의 성격을 갖고 있을 것,

영어로 표기가 가능할 것,

세계를 통틀어 그 이름이 독창적일 것 등이

당시 내가 생각했던 새로운 병원 이름의 조건이었다.

11
위기의
강서병원

나는 제일병원 때 전산 시스템을 도입했다. 일찍부터 컴퓨터를 활용한 전산 시스템의 효용성을 알고 있었기 때문이다. 그러나 이 자만심이 나를 궁지로 몰았다.

강서 미즈메디를 개원할 때는 자체 개발한 전산 시스템을 활용하고 싶어서 개원 2년 전부터 전산실장에게 개발을 맡겨두고 있었다. 중간마다 진행 상황을 물었고 그때마다 전산실장은 자신 있게 "잘되어간다"라고 대답했다. 외부 인력을 통해 진행 상황을 파악할 수도 있었겠지만, 그렇게 되면 의심을 받은 직원의 사기가 떨어진다. 전산실장 개인의 발전의 계기가 될 것이라는 생각과 함께 그에게 기회를 주고 싶었다. 무엇보다 그를 믿었다.

완공과 함께 개원을 준비하며 직원들과 리허설을 하게 되었다. 개원을 불과 며칠 앞둔 시점이었다. 그런데 이게 무슨 일인가. 아무리 연습을 해봐도 전산 시스템이 제대로 작동되지 않는다는 보고가 올라왔다. 어처구니없고 난감했다. "확실히 자신 있습니다"라고 대답하던 전산실장은 어떻게 된 일이냐고 물어도 묵묵부답, 가만히 서 있기만 했다. 그러더니 슬그머니 사라져 출근을 하지 않았다.

사라진 사람을 탓해봐야 해결되는 것은 아무것도 없다. 나는 전산 시스템의 효용성만 알았지, 스스로 확인할 능력이 없다는 것을 알지 못했다. 직원을 믿은 것도 나의 자만심이었다. 믿음과 점검은 별개의 문제였다. 점검을 통해 그에게 도움을 줄 수도 있다는 것을 알지 못했다. 나의 자만심 탓에 다른 직원들이 곤란을 겪게 되었고 그들을 볼 낯이 없었다. 부랴부랴 개발 전문 업체를 찾아 다시 긴 개발 시간을 허비하게 되었다. 직원들이 큰 혼란과 불편을 겪었음은 물론이다.

이 실수를 통해 나는 두 가지 교훈을 얻었다. 첫째는 자기가 잘 아는 분야가 아니면 절대 손대지 말아야 한다는 것, 둘째로 모르는 분야는 가급적 용역을 주어서 확실한 책임을 물을 수 있는 시스템으로 운영해야 한다는 사실이다.

2000년 2월, 우여곡절 끝에 개원한 강서병원은 미즈메디라는 이름으로 새롭게 출발하게 되었다. 시작은 화려했고 많은 분들이 개원을 축복해주었지만, 다음 날 그 축복은 민망한 것이 되고 말았다. 하루 100여 명의 환자밖에 오지 않는 것이다. 100명이면 많다고 생각할지 모르지만, 환자를 기다리고 있는 우리 직원들만 200명이 훨씬 넘었다. 병원에는 온통 직원들뿐이었고 그들의 얼굴은 하나같이 불안과 의심에 가득 차 있었다.

그래도 언론 등을 통한 '의도적 홍보활동'은 하지 않기로 했다. 빠른 길일지 모르나 옳은 길은 아니라고 생각했다. 오로지 고객들의 평판이 좋아지도록 최선을 다했다. 그러나 소문이 나는 데는 시간이 필요한데 바로 이 시간이 문제였다. 적자폭이 컸다. 소문이 퍼질 때까지 나날이 쌓여가는 적자를 견딜 수 있을까 두려웠다. 옳은 길을 가면 세상이 알아줄 것이라는 신념과 안 될지도 모른다는 절망 사이를 오갔다. 첫해 적자가 36억 원이었다. 그렇게 적자와 융자를 안은 채 시간이 흘렀다.

첫째는 자기가 잘 아는 분야가 아니면 절대 손대지 말아야 한다는 것,

둘째는 모르는 분야는 가급적 용역을 주어서

확실한 책임을 물을 수 있는 시스템으로 운영해야 한다는 사실이다.

12
혁신의 핵,
이노바

마음만 먹으면 지구촌 어느 곳에 있는 사람과도 빛의 속도로 소통할 수 있는 시대가 되었다. 그리고 개인의 지식과 창의력은 한계가 분명하다. 다른 대안은 없다. 사통팔달로 소통하지 않으면 뒤처진다. 그래야만 앞서 갈 수 있다.

2009년 2월, 우리는 너무나 멋진 이름 하나를 얻었다. '아이드림클리닉'이다. 불임클리닉에서 난임클리닉으로, 그리고 이번에 다시 아이드림클리닉으로 바뀐 것이다. '불임不姙'이라는 말은 임신이 안 된다는 것을 기정사실화한 이름이니까 더 이상 부정적일 수 없고 정확한 이름도 아니다. '난임難姙'은 임신이 어렵다는 뜻이므로 의미는 적절하지만 여전히 부정적인 느낌을 준다. '아이드림클리닉I dream'은 '아이를 꿈꾸는' 부부에게 '아이를 드린다'라는 의미를 담고 있어 느낌도 긍정적이다.

이렇게 멋진 이름을 얻은 것은 '다행히' 내 머리가 그렇게 좋지 못했기 때문이다. 불임클리닉을 난임클리닉으로 바꿀 때는 그렇게 어렵지 않았다. 그런데 난임클리닉을 더 멋진 이름으로 바꾸자니 마땅한 이름이 떠오르지 않았다. 사내공모를 통해 좋은 이름을 얻으려고 했는데 또 '다행스럽게' 우리 직원들의 창의력도 뛰어나지 않았다. 우리는 공모 대상자를 외부로 확대하기로 결정했다. 누구나 공모할 수 있고 채택된 이름을 지은 분에게는 상금 30만 원을, 가작에는 10만 원을 주기로 했다.

웹은 놀라웠다. 우리가 올려놓은 공고를 누군가 공모 정보만 모아두는 사이트로 복사를 해갔다. 어디 여기뿐이겠는가? 아마도 사방팔방으로 퍼져나갔을 것이다. 서울시 강서구의 사무실에서 올린 공고는 전국을 누비고 다니다가 경상남도 창녕군까지 갔고, 거기서 임자를 만났다. 아이드림은 진해, 대구, 광주의 다섯 분이 지어준 이름이었다.

과거에는 하지 않았던 일이고 하려고 해도 거의 불가능한 일이었다. 우리는 많은 분들의 지혜와 창의력을 빌렸고 그 성과를 보았다. 우리는 공유를 위한 개방을 했고 많은 분들이 협업을 위한 참여를 해주었다. 개방, 공유, 참여, 협업이라는 웹 2.0 시대의 정신을 이용해 딱 맞는 이름을 찾은 것이다.

병원 외부의 사람들에게 모든 것을 개방할 수는 있지만 모든 부분에서 참여를 바랄 수는 없다. 하지만 병원 내부의 사람들, 나를 포함한 우리 직원들은 가능하고 그렇게 되어야 한다. 여태까지는 내가 주도적으로 혁신을 해왔지만 이제는 나 혼자 감당하기 어렵게 되었다. 직원도 600명이 넘었고 사회에서 차지하는 역할도 커졌다. 다시 도약하기 위해서는 전 직원의 아이디어가 필요하다.

2, 3년 전 병원의 한 의사가 "변하라고 하는데 어떻게 변하라고 하는지 모르겠다"라는 이야기를 했다. 내가 늘 혁신을 입에 달고 다니니까, 어떻게든 1인치씩 달라져야 한다고 하는데 어떻게 변해야 할지 모르겠다는 말이다. 한두 번 말하면 모두 알아들을 줄 알았다. 그런데 내 착각이었다. 모두 내 마음 같겠거니 했다. 그런데 아니었다. 나와 직원들의 생각 사이의 협곡을 메울

필요가 있었다. 그것이 미즈메디의 혁신팀 '이노바'를 만든 이유다. 우선은 직원들에게 내 의견을 정확하게 전달하는 것이 중요하다. 내 의견이 옳지 않으면 수정이 될 것이다.

전 직원의 10퍼센트를 뽑아 내 생각을 전달하는 전도사, 미즈메디 혁신의 핵심이 될 이노바를 2008년 연말에 만들었다. 몇 명을 차출할 수도 있었고 그게 효율적인 방법이겠지만 옳은 방법은 아니다. 자율이 먼저다. 원하는 사람에 한해서만 이노바를 운영하겠다고 했다. 이노바를 한다고 월급이 올라가는 것도 아니다. 자기 시간과 에너지를 빼서 헌신할 사람만 모이도록 했다. 직원들은 '웬 생뚱맞은 일이냐'라는 반응을 보였다. 참여하면 어떤 혜택이 있는지 물었다. 그들에게 내가 주는 물질적 선물은 책이 유일했다. 하지만 이 활동을 통해 그들의 역량이 길러진다면 그것이 가장 큰 선물이라고 생각했다.

다행히 56명의 인원이 모였다. 그 정도면 전 직원의 약 10퍼센트가 된다. 그들에게 내가 아는 이야기, 내가 꿈꾸는 이야기를 해주고 있다. 한두 번은 몰라도 전 직원들에게 이런 이야기를 자주 할 수도 없고 효과도 없다. 아직은 힘들다. 브레인스토밍 수준이다. 독서모임 수준이고 친목모임 수준이다. 그러나 머지 않은 미래에 이노바가 미즈메디 혁신의 주축이 되리라 믿는다.

미약한 싹으로 출발했던 미즈메디가 제법 튼실한 묘목이 되었다. 우리의 꿈에 비하면 분명 묘목이다. 이 묘목이 튼실한 거목으로 자라려면 이노바라는 혁신의 주체, 집단지성도 함께 자라야 한다. 이제는 함께 꾸는 꿈이라야 한다. 함께 꾸는 꿈이라야 현실이 된다.

이제는 함께 꾸는 꿈이라야 한다.

함께 꾸는 꿈이라야 현실이 된다.

INN

TIO

2부

혁신의
조건

혁신과 성장은 동의어다.

혁신에 성공하면 성장하고 성장하려면 혁신을 해야 한다.

미즈메디병원은 1991년 영동제일병원 시절에 비하면

말 그대로 비약적인 발전을 이루어왔다.

이렇게 성장할 수 있었던 것은

그동안 끊임없이 혁신을 해왔기 때문이다.

꿈꾸는 노박

나에겐 꿈이 있어요.

꿈은 세월 따라 변하고 때로는 산산조각이 나곤 했지요.
부서진 꿈에 가슴 저리도록 마음 아파하고
좌절의 슬픔을 안고 오래 가슴앓이를 한 적도 있지요.
마치 떠나버린 첫사랑의 미련으로 부대낄 때처럼.

하늘 구름처럼 뭉게뭉게 피어올랐다가
아침 햇살에 갑자기 사라져버리는 물안개처럼
어느 순간 꿈을 잃어버리면
공허로워 실없는 웃음만 날리기도 했지요.

노여움보다는 허망함으로
아쉬움보다는 무력감으로

깊은 잠 속으로 빠져들기도 했지요.

하지만 얼마 지나지 않아 슬며시 새로운 꿈이

찾아와 제 가슴을 가득 채우면

뛰노는 심장의 고동에 발맞추어 새로운 곳으로 나아갔습니다.

쉽고 편안한 길보다 남들이 안 가본 좁은 길로…….

나에겐 꿈이 있어요.

병원 꼭대기 층에 꽃과 나무가 어우러진 산실이 자리잡아

진통의 고통 속에서도 아기 아빠의 손을 꼬옥 잡고

천장을 통해 밤하늘의 별을 헤아리고

뱃속 아기의 희망과 꿈을 키우고픈 꿈이 있어요.

천둥과 우박이 쏟아지더라도 손을 꼬옥 잡으면

출생의 기쁨과 함께 무서움과 두려움이 사라지는

그런 꿈 말이에요.

나에겐 또 하나의 꿈이 있어요.

아기들이 아파 울면 제 마음이 아파요.

나는 약이 싫어요.

의사의 청진기가 가슴을 스치고

볼록 배를 톡톡 두들기고 어루만지면

저절로 아픔이 가시는 마술사가 되고픈 꿈 말이에요.

마지막 꿈 하나 더

언젠가는 꿈을 잃어버리는 날이 오겠지요.

하지만 그날에도 꿈꾸기를 멈추지 않을 꿈 말이에요.

나에겐 포기해보려 노력해도 지워지지 않는 꿈이 있다. 이 세상에서 유니크한 병원, 독특한 철학과 이념으로 운영되는 병원, 그래서 그곳에서 일하는 직원들이 행복하고 마냥 즐거워하며, 이용한 환자들이 두고두고 기억할 만한 병원이 되고픈 꿈. 그리고 내가 죽더라도 이 땅에 오래오래 남아 많은 이들에게 아픔의 고통을 덜어주고 헌신의 기쁨을 전파하는 꿈.

꿈꾸기를 멈춘 자에게 혁신은 피곤하고 귀찮은 것이다. 꿈꾸기를 멈추지 않는 자에게 혁신은 해야 하는 것이고 하고 나면 즐거운 것이다. 꿈은 혁신의 이유이자 동력이다.

01
본질을 정의하라

혁신과 성장은 동의어다. 혁신에 성공하면 성장하고 성장하려면 혁신을 해야 한다. 미즈메디병원은 1991년 영동제일병원 시절에 비하면 말 그대로 비약적인 발전을 이루어왔다. 이렇게 성장할 수 있었던 것은 그동안 끊임없이 혁신을 해왔기 때문이다.

거기에는 혁신을 성공케 하는 비밀이 있었다. 그러나 이 비밀은 특별한 것이 아니다. 너무 평범하다. 모두가 알고 있어서 되짚어 기억하는 사람이 드문 비밀이다. 그것은 다름 아닌 '본질'이다.

어느 누구도 감히 '본질은 중요하지 않다' 라고 말하지 않는다. 우리는 뿌리 깊은 나무가 바람에 넘어지지 않는다는 것도 배웠고 높은 건물을 세우려면 땅을 깊이 파고 지반을 단단하게 해야 한다는 것도 배웠다.

그런데 웬일인지 실제 생활에서는 알고 있는 것과 다르게 행동한다. 본질보다 현상을 좇는다. 이익만 된다면 본질에 어긋나는 행동도 서슴지 않는다. 그 결과는 단시간에 드러날 수도 있고 장기간에 걸쳐 천천히 나타날 수도 있다. 시기가 언제인가는 중요하지 않다. 잊지 말아야 할 것은 그래서는 기업은 결국 망하고 개인은 인생의 의미를 찾을 수 없다는 것이다. 본질이 혁신이다. 본질이 빠진 혁신은 구호일 뿐 아무것도 아니다.

“자꾸 변하라고 하시는데 무엇을 변화시켜야 할지 모르겠습니다.”

언젠가 한 직원이 내게 하소연하듯 한 말이다. 이런 질문을 받은 것은 다행스러운 일이었다. 이노바가 시작된 지 얼마 되지 않은 시점이었기 때문이다. 몇 년 뒤에 이 질문을 받았다면 정말 암담했을 것이다. 당장은 화가 나고 답답했지만 이는 명백히 나의 잘못이었다. 앨빈 토플러의 『제3의 물결』, 찰스 다윈의 『진화론』, 그리고 나의 꿈에 대해서 제법 유식한 척하면서 변화하는 환경에 대해 열심히 말했지만 정작 병원이 나아가야 할 방향과 구체적인 계획은 내 머릿속에만 있었다. 그런데 나는 모두들 알고 있을 것이라고 생각했던 것이다. 기본이라고 생각하고 강조하지 않았는데 정확하게, 지속적으로 인지시켜야 한다는 점을 간과했다.

사실 현대인들은 눈만 뜨면 혁신이라는 단어를 접한다. 기업에서 혁신이 화두가 된 지는 오래되었고 개인도 예외는 아니다. 혁신하지 않으면 도태되고 만다는 사실을 모두가 인정한다. 변하지 않으면 죽는다는 말까지 당연한 듯 나오고 있다. 무한 경쟁과 급격한 시대의 변화 앞에서 혁신만이 유일한 생존의 길이라는 데 동의하지 않을 재간이 없다. 그러나 혁신이 무엇인지, 그래서 무엇을 어떻게 변화해야 하는지 아는 사람은 드물다.

혁신의 사전적 정의는 "가죽을 새것으로 바꾼다"라고 한다. 가죽을 새것으로 바꾸자면 기존의 가죽을 벗겨내야 한다. 생각만 해도 소름끼치게 고통스러운 일이다. 그런데 많은 사람들이 지금의 가죽을 벗어야 한다는 건 아는데 그 뒤에 어떤 가죽을 써야 하는지는 모른다. 우리 직원들도 마찬가지였다. 이사장이 자꾸 변하라고 하니까 뭔가 변해야 할 것 같기는 한데 도대체 뭘 어떻게 바꿔야 할지 몰랐던 것이다.

호랑이가 오리의 가죽을 쓰고 있다면 어떻게 해야 할까? 실행하기는 어렵지만 질문에 대한 답을 하기는 어렵지 않다. 오리 가죽을 벗고 호랑이 가죽을 쓰면 된다. 호랑이가 서식하는 지역에 따라 사냥감 몰래 다가갈 수 있는 무늬가 있을 것이다. 이렇게 쉽게 답을 알 수 있는 이유는 무엇인가?

그것은 오리 가죽을 쓰고 있는 짐승의 정체가 호랑이라는 것을 알기 때문이다. 그 짐승이 호랑이라는 것을 모른다면 어떤 가죽으로 바꿔도 정답이고 어떤 가죽이라도 오답이다. 물에 있는 먹이를 잡을 때는 오리 가죽이 정답이지만 뭍에 있는 먹이를 구할 때는 오답이다. 어쩌면 가죽은 놔두고 몸을 바꾸려 들지도 모른다.

짐승의 정체, 즉 본질이 호랑이라는 것을 알면 그 해답이 쉽게 보이듯 기업이나 개인도 그 자신의 본질을 알아야 혁신이 가능하다. 그렇지 않으면 먹이—기업으로서는 이윤이고 개인으로서는 물질적 보상이다—에 따라 모습을 바꾸느라 허둥댈 것이다.

일전에 한 대학에서 강의를 한 후 그 대학의 교수, 펠로들과 저녁을 먹고 대화를 나누고 있었다. 눈인사만 했던 펠로가 자기소개를 하며 인사를 했다. 옆자리에 앉아 이런저런 이야기를 하다가 내가 질문을 던졌다.

"자네는 펠로가 뭐 하는 사람이라고 생각하나?"

그의 표정으로 보아 처음 받아보는 질문인 듯했다. 잠시 생각하더니 자신 없는 목소리로 대답했다.

"선생님을 잘 모시고 보필하는 거라고 생각합니다."

원했던 답은 아니었지만 내 예상에서 크게 벗어나지 않았다. 모르긴 해도 상당수의 펠로들이 그와 비슷한 생각을 하고 있지 않을까 짐작한다. 누구도 하지 않았던 질문이고 현재 자신이 하고 있는 일이 교수를 보필하는 것이니 그렇게 생각하는 것도 무리는 아니다. 거기다 주변의 동료들도 같은 일을 하고 있으니 말이다.

사실 의학은 전통적으로 보수적인 도제교육 형태를 띠고 있다. 스승이나 선배의 가르침에 따라 기술을 익히고 그들에게 지식과 경험을 전수받는다. 이런 교육과정에서 스승이 하라는 대로 하지 않거나 변형된 방법을 쓰면 크게 야단을 맞거나 심한 경우 쫓겨나기도 한다. 스승의 가르침에 이의를 제기한다는 것은 '파문' 의 위험을 감수해야 하는 것이다. 그러다보니 이의 제기는 고사하고 스승의 말투나 걸음걸이까지 닮게 되는 경우가 많다. 그런 사람일수록 수제자가 되기도 한다.

"위키피디아를 아는가? 거기서 메디컬 펠로의 정의를 찾아보면 두 가지가 나와. 하나는 전공 분야의 세부질환에 대해 좀더 배우는 것이고 또 하나는 연구를 통해서 새로운 기술을 개발하는 것. 그게 펠로야. 거기 어디에도 선생을 잘 모시라는 이야기는 없어. 앞으로는 선생 모시는 것보다 연구와 학문 수련에 정진하기 바라네."

펠로는 얼굴이 발개졌고 교수도 민망해하는 기색이었다. 분위기가 다소 어색해졌지만 다시 그런 자리에 간다면 똑같은 질문을 할 것이다. 꼭 필요한 질문이라고 생각하기 때문이다.

위키피디아에서 내린 정의만이 옳다고 주장할 생각은 없다. 한 사람, 하나의 직업, 하나의 사물에 꼭 하나의 본질만 있는 것은 아니다. 나 때문에 얼굴을 붉혔던 펠로가 내린 정의도 100퍼센트 틀린 것이라 말할 수는 없다. 교수를 보필하면서 그에게 의료기술과 지식을 배울 수 있다. 그러나 그것은 '좀더 배우는 것' 의 한 과정 혹은 수단일 뿐이다. 보필하거나 모시는 것이 그의 본질이라면 그는 펠로가 아니라 '선생님의 비서'가 되어야 한다. 위키피디아의 정의에 따르면, 그는 선생을 모시는 일 외에 책도 읽어야 하고 최신 논문도 읽어야 한다. 스스로 연구도 해야 한다. 해야 할 일이 많아지는 것이다. 그 일들을 해내면 그는 펠로의 본질에 가까워지는 것이고 그것이 혁신이다. 이런 혁신의 과정을 거친 펠로가 '선생을 모시는 펠로'보다 더 능력 있는 전문의가 되리라는 것은 분명하다.

교수의 정의를 찾아본 적도 있다. 강의하고 연구하고 세미나에 참석하고 사회 곳곳의 물음에 응하고 온라인에서의 지식 전파에도 힘쓰는 것이 교수의 정의라고 나와 있었다. 새삼스럽게 그 정의를 찾아봤던 것은 내가 강의를 하면서 교수의 본분을 제대로 하고 있는지 알고 싶었기 때문이었다. 누구나 알고 있다고 생각하는 단어를 정성스럽게 찾아봄으로써 그것을 실천하려는 의지도 남달라진다고 믿는다.

이쯤 되면 내가 생각하는 병원의 본질을 이야기할 때가 되었다. 내가 정의하는 병원의 본질은 너무 쉬워서 초등학생들도 다 안다. 초등학생에게 병원이 뭐하는 곳인지 물어보라. 간혹 주사 맞기가 겁나는 아이들은 "아파서 갔더니 더 아프게 하는 곳"

이라고 대답할 수 있겠다. 그러나 대부분은 "병원은 병을 낫게 하는 곳"이라고 답할 것이다. 이보다 명확한 정의가 어디 있는가? 수익이니 명예니 하는 거추장스러운 것들은 병원의 정의에 없다. 그것들은 병원의 본질을 실행한 결과일 뿐이다.

"병원은 병을 낫게 하는 곳, 이왕이면 빨리."

내가 정의하는 병원의 본질이다. 의사와 간호사를 포함한 모든 구성원들은 이 본질을 위해 존재한다. 그들이 하는 생각과 행동의 방향은 모두 이 정의를 향하고 있다. 그 방향으로 조금씩 조금씩 움직이는 것이 혁신이다. 이것이 미즈메디가 지난 19년 동안 혁신을 이루어올 수 있었던 기본 바탕이다.

지금은 요란한 혁신의 구호들을 걷어내고 자신의 직업, 자신의 역할에 대한 깊고 올바른 정의를 내려야 할 때다. 본질을 제대로 정의하는 것, 그것이 혁신의 가장 기본적인 조건이고 시작이다.

02
본질을 실행하라

우리 병원 수익의 80퍼센트가 외래에서 나온다고 하면 업계 사람들은 깜짝 놀란다. 어떻게 그게 가능하냐고 묻는다. 다른 병원들은 보통 입원 환자가 수입의 절반을 차지한다. 그래서 병실이 차 있으면 안심이 되고 비어 있으면 불안하다고 말하는 사람도 있다. 외래로 오는 환자들은 언제 올지도 모르고 오늘 오더라도 내일은 오지 않을 수 있다. 진료비도 입원 환자들에 비해 적다. 하지만 입원 환자들은 퇴원할 때까지는 늘 그 자리에 있다. 1인실은 의료보험 적용이 안 되니까 비교적 높은 수익이 나온다. 입원 환자는 병원의 안정적인 수입처인 셈이다.

의사도 병원이라는 조직의 일원인지라 비어 있는 병실을 보고 마음이 편할 리 없다. 알게 모르게 입원을 권유하기 쉽다. 정보화 사회가 되면서 과거에 비해 의료지식이 일반화되기는 했지만 의료는 여전히 고도의 전문 분야다. 위기에 봉착한 의뢰인이 변호사의 말에 따를 수밖에 없듯이 환자들도 의사의 말에 따를 수밖에 없다.

"일단 입원을 한 다음 안정을 취하면서 정밀검사를 받아야 합니다. 그 뒤에 어떤 치료를 할지 결정하도록 하겠습니다."

이렇게 말하는 의사에게 그래도 나는 통원치료를 받겠다고 할 수 있는 사람은 많지 않다. 그러니 그 많은 입원실이 꽉 찬다. 입원할 수 있는 날을 손꼽아 기다리는 환자와 보호자들도 부지기수다. 대형 병원에 간 환자들은 두 시간을 기다리고 5분 동안 진료를 받는다는 말도 있다. 내가 보기에 이것은 악순환이다. 병실이 수익의 중심이 되니까 침대를 꽉꽉 채워야 한다. 그러다보니 정작 급하게 입원 치료를 받아야 하는 환자가 입원을 하지 못하는 일이 생긴다.

내가 미즈메디를 외래 중심의 병원으로 만들 수 있었던 것은 레지던트 시절 읽었던 책 한 권이 결정적인 역할을 했다. 『외래 The Office Clinic』라는 얇은 책은 레지던트 과정 중이던 내게 "당신의 삶은 외래에서 이루어진다"라고 말했다. 교육받는 기간에는 80퍼센트를 병실에서 보내고 의사가 된 뒤에는 80퍼센트를 외래에서 보낸다고 했다. 나와 선배들의 경우를 봐도 틀리지 않은 말이었다. 내가 수련의 과정 5년 동안 배운 것이 실제로는 20퍼센트에 불과하다는 걸 알게 되었다. 이미 교수님이 진단한 것으로 치료하는 것은 배웠지만 처음 만난 환자를 어떻게 진단하는지는 배우지 못했다. 아무도 가르쳐주지 않으니 스스로 나머지 80퍼센트의 공부를 찾아서 해야 했다.

사람은 배운 대로 행동하기 마련이다. 병실에서 대부분의 시간을 보낸 후 의사가 된 사람들은 개원을 해도 병실이 중심이 되는 병원을 열었다. 그들이 생각하는 병원의 본질이 무엇인지 나는 모른다. 분명한 것은 내가 생각하는 병원의 본질은 아니었다. 빨리 병을 낫게 하려면 외래가 중요하다. 환자를 처음 만나는 곳도 외래고 마지막으로 만나는 곳도 외래다. 외래에서 정확한 진단을 한다면 불필요한 입원을 막을 수 있다.

미국에서의 유학생활도 이런 생각에 확신을 심어주었다. 우리는 병상 수로 병원의 규모를 결정하지만 미국은 아니었다.

세계적인 병원인 메사추세츠병원에는 1만6천 명이 근무하는데 병상은 800개밖에 되지 않는다. 그런데 우리는 2천7백 개의 병상까지 나오는 경우도 있다. 의료의 혁신은 여기서부터 시작해야 한다. 의료의 대부분이 병상에서 허비되고 있는 것이다.

본질을 올바르게 정의한 후에는 행동으로 옮겨야 한다. 논리도 탄탄하고 대외적으로 그럴싸한 본질을 정의해놓고 실행하지 않으면 헛똑똑이에 불과하다. 물론 본질을 실행하는 사람이 적으면 두려움이 생길 수도 있다. 하지만 본질에 대한 확신이 있다면 용기를 가져야 한다. 나 역시 외래 중심의 병원을 만들 때 두려움이 전혀 없었던 건 아니었다. 내가 모르는 한국의 특수한 상황이 있을 수도 있었다. 그렇다고 본질에서 어긋나는 방향으로 갈 수는 없었다. 병실 중심의 병원은 레드오션이지만 외래 중심의 병원은 블루오션이라는 생각도 있었다. 내 판단이 옳았음은 현재의 미즈메디가 증명해주고 있다.

본질을 아는 사람이 얼마나 되는지는 모른다. 그러나 본질을 실행하고 있는 사람은 많지 않은 것 같다. 혼자 가기 불안하다고 남을 따라가는 게 능사가 아니다. 흡사 쥐가 꼬리에 꼬리를 물고 강물로 뛰어드는 형국일 수도 있다. 용기를 가지고 관습의

낡은 길에서 벗어나라. 남이 가지 않는 새로운 길에 블루오션이
있다.

본질을 올바르게 정의한 후에는 행동으로 옮겨야 한다.

논리도 탄탄하고 대외적으로 그럴싸한 본질을 정의해놓고 실행하지 않으면

헛똑똑이에 불과하다.

03
핵심 역량에
집중하라

본질을 정의하는 것으로 혁신의 기본 조건은 갖추어졌다. 이제는 그 본질의 핵심을 찾아낼 때다. 핵심을 혁신하면 최소한 기본 이상은 하지만 핵심을 혁신하지 못하면 아무리 애를 써도 기준 이하밖에 되지 않는다.

우리는 흔히 "그 사람, 사람은 참 좋다"라는 말을 한다. 이 말을 듣고 기분 좋을 사람은 없다. 인간성은 괜찮지만 무능하다는 뜻이기 때문이다. 그렇다면 "그 회사의 물건은 디자인은 참 좋아"라는 말은 어떤가? 디자인이 좋다는 말이 있음에도 불구하고 그 회사 물건은 좋지 않다는 것이 결론이다.

　사람만 좋은 그에게 중요한 직책을 맡길 회사도 없고 디자인만 좋은 물건을 구매할 사람도 드물다. 상품을 선택하는 기준이 기능에서 디자인으로 바뀌면서 디자인에 집중하는 회사가 많은 것은 사실이다. 그러나 그것은 기능이 중요하지 않다는 것이 아니라 기술의 평준화로 기능의 평준화가 이루어졌다는 뜻이다. 이 회사 물건이나 저 회사 물건이나 기능면에서는 큰 차이가 없기 때문에 디자인을 선택의 기준으로 삼는 것이다.

　그의 좋은 성품이 문제가 아니고 그 물건의 좋은 디자인이 문제가 아니다. 핵심에서 뒤처지고 있다는 것이 문제다. 사람 좋은 그의 직업이 의사라면 그것은 거의 재앙에 가깝다. 이웃에게는 더할 수 없이 순한 사람이겠지만 병원에서의 그는 시한폭탄이나 다름없다. 정말 멋진 디자인의 스포츠카에 엔진이 없다면, 혹은 브레이크가 없다면 그것은 자동차가 아니다.

　병원의 본질을 실행하기 위해 가장 중요한 요소는 무엇일까? 무엇이 핵심일까? 그것은 다름 아닌 의사의 역량이다. "정확한 진단, 올바른 치료"를 우리 병원의 경영이념으로 삼고 있는 것은 병원의 본질이 의료이기 때문이다. 그 의료행위의 주체가 바로 의사다. 첨단설비는 진단의 정확성을 높일 수 있다. 친절한 간호사는 환자들의 기분을 좋게 할 수 있다. 그러나 의사가 없다면 누가 첨단설비가 내놓은 데이터를 해석할 것인가? 간호사가 아무리 친절해도 병이 낫지 않는다면 누가 병원을 찾겠는가? 병원의 본질을 충족시키려면 의사들의 역량을 높이는 방법밖에 없다.

우리 병원에 오는 의사들은 펠로 과정을 마쳤건 다른 병원에서 전문의로 진료를 했건 모두가 외래에서 진료를 시작하기 전에 '미즈메디식 트레이닝'을 받아야 했다. 과거에는 무조건 1년 동안이었는데 기간을 일괄 적용하는 것이 불합리해 지금은 개인마다 차이를 두고 있다. 일정 기간 수술방에서 미즈메디식으로 마음가짐과 의료기술을 연마한 후에야 외래 진료를 시작할 수 있다.

의료기술을 발전시키려면 새로운 기술을 받아들이는 것도 중요하다. 국내 학회에 가는 비용은 연간 2회에 걸쳐 50퍼센트가 지원된다. 해외 세미나는 2년에 1회를 기준으로 모든 경비가 지원된다. 이 돈만이 아니라 진료를 못 보는 것도 포함시켜야 하니까 한 사람에 1천5백만 원 정도가 소요된다. 많은 비용이 드는데도 지원을 하는 것은 최고의 본질을 만들기 위해서다. 최고의 본질은 최고의 의료진을 만드는 것이고 최고의 의료진이 되려면 끊임없이 배우고 연구해야 한다.

의료에서 혁신의 꽃은 연구다. 연구는 현재의 치료법이 최선이 아니며 좀더 간편하고 효과적인, 그래서 인류에게 유용한 치료법을 찾기 위한 것이어야 한다. 그런데 연구를 논문 제출이나 실적을 위한 것으로 착각하는 사람들이 더러 있다. 또는 숙제하는 기분으로 하는 사람들도 있다. 연구를 하는 행위가 실적을 쌓을 수도 있고 숙제를 마쳐줄 수도 있다. 그러나 그것들은 연구의 부산물일 뿐 목적이 아니다. 인류에 대한 공헌이라는 목적은 너무 느리고 에둘러가는 것 같지만 그 길이 가장 빠른 길이며 가야 할 길이라고 믿는다. 주객이 전도된 연구는 결국 자기 자신과 조직을 망치게 한다.

당신이 몸담고 있는 조직의 핵심 역량을 발견하라. 조직의 핵심 역량이 당신의 핵심 역량과 일치하는가? 그 핵심 역량을 혁신하기 위해 어떤 연구를 해야 하는지 생각하고 실천하라. 연구의 과정은 남이 가보지 않은 길로 떠나는 외로운 여행이다. 외로움을 벗 삼아 가다보면 일찍이 보지 못했던 성공의 열매를 맛보게 될 것이다.

04
변화를 통곡하라

차를 타고 작은 읍을 지나다보면 가끔 '축 ○○○ 사법고시 합격'이라는 현수막을 볼 수 있다. 사법고시 합격자를 배출한 집안은 자식농사에 성공한 것으로 평가받는다. 그는 마을의 자랑이자 학교의 자랑이다. 사법고시가 그만큼 어렵다는 것이고 합격만 하면 출세가 보장되기 때문일 것이다. 사법고시뿐 아니라 의대도 동일한 이유로 비슷한 대접을 받는다. 자식이 의대에 들어갔다는 사실만으로도 잔치를 벌이기도 한다.

의사, 변호사 등 이른바 '사' 자가 들어가는 직업은 예나 지금이나 인기가 높은 직종이다. 그러나 예전과는 상황이 많이 달라졌다. 일단 합격하거나 입학하기만 하면 찬란한 미래가 보장된다는 것은 다 옛말이다. 2006년만 해도 10개의 병의원 중 한 곳이 문을 닫았다. 지금 이 순간에도 문을 닫는 병원이 있고 사무실만 열어놓고 개점휴업 상태에 있는 변호사 사무실이 있다.

법조계의 상황은 정확히 모르지만 의료계의 상황은 간단한 수치만 봐도 왜 이런 사태가 생기는지 금방 알 수 있다. 의사의 수는 20년 전에 비해 3배가 늘었다. 병원은 10년 전 900여 개에서 1,900여 개로, 의원은 3만 개에서 9만 개로 늘어났다. 그 사이 인구도 늘어났고 의료 기관을 이용하는 사람들의 수도 늘어났지만 의사와 병의원의 증가에 비할 바가 아니다. 대한민국의 젊은 부부들이 획기적으로 생각을 바꾸지 않는 한 인구의 감소 또한 피할 수 없는 상황이다.

물론 의사, 변호사의 문제만은 아니다. 앉아 있는 자리는 대한민국 어느 구석의 작은 책상이지만 거기에서 전 지구의 인구와 경쟁을 해야 한다. 어떻게 보면 끔찍한 일이지만 받아들이지 않을 재간이 없다.

변호사가 사건을 수임하지 못하고, 의사가 치료할 환자가 없는 원인은 수도 없이 많을 것이다. 개인의 역량에서부터 입지

조건까지, 따지다보면 한도 끝도 없다. 하지만 그 원인들 중 거의 대부분은 변화라는 카테고리로 묶을 수 있다. 패러다임이 변화하고 있는데 그것을 따라가지 못한 것이다. 변화에 앞서가면 크게 성장하고 변화에 맞추면 먹고는 살고 변화에 뒤처지면 죽는다.

병원의 패러다임도 많이 변했다. 의사는 가르치는 직업이 아닌데도 '선생님'으로 불린다. 과거에도 그랬고 지금도 마찬가지다. 호호백발의 할아버지가 새파랗게 젊은 의사에게 선생님이라고 부른다. 생명을 다루는 사람에 대한, 내 병을 고쳐주는 사람에 대한 존중의 표현이라고 본다.

그런데 같은 선생님이라도 거기에 담긴 깊이는 많이 바뀐 것 같다. 의사의 말이 거의 절대적인 권위를 가졌던 옛날처럼 행동하다가는 병원 간판을 떼어 들고 쓸쓸히 집으로 가야 한다. 지식 독점에 의한 권위가 사라졌기 때문이다. 중세시대 승려 계급의 말은 절대적이었다. 책은 불태워졌고 남아 있는 책은 승려들만 읽었다. 세상 사람들을 바보로 만들어놓고 설법만 하면 되는 시대였다. 그래서 암흑시대였다.

그러나 오늘날에는 의료지식을 치료라는 행위로 쓸 수 있는 사람은 여전히 의사지만 의료지식 자체는 마음껏 이동하고 있다. 어지간히 젊은 사람들은 병원에 오기 전에 인터넷을 통해 자신의 질병에 대해 어느 정도는 알고 온다. 국민이 더 많이 알아가는 세상이다. 전문가의 지식 독점력이 전 분야에 걸쳐 무너지고 있다.

또 하나 커다란 패러다임의 변화는 의료기기의 발전이다. 기계가 변변치 않던 시절에는 의사의 손기술과 지식만 갖고 치료를 했다. 당연히 경험의 많고 적음이 의사의 역량을 평가하는 중요한 척도가 되었다. 〈하얀 거탑〉이라는 드라마에서처럼 선임자의 말에 절대복종하는 풍토도 단순히 선임자가 상급자이기 때문만은 아니다. 경험이 중요하기 때문에, 경험 많은 선임자에게 배우지 않으면 달리 배울 곳이 없기 때문이다.

그런데 지금은 어떤가? 하루가 다르게 새로운 기계들이 나오고 있다. CT, MRI 등의 기계가 환자의 몸속을 보여주고 로봇을 이용해 수술을 한다. 경험은 아직도 중요하지만 과거에 비해 그 가치는 대폭 줄었다. '명의 중심'에서 '명기계' 중심으로 패러다임이 변한 것이다. 단적으로 말하면 의사가 큰소리칠 수 있는 시대는 지났다.

　　이런 말들은 전혀 새로운 것이 아니다. 의료계에 몸담고 있는 사람이면 누구나 아는 이야기다. 또한 타 분야의 직종에 있는 사람들도 자기 업계의 변화 정도는 꿰고 있다. 누구나 변화해야 생존 가능하다는 사실을 알고 있다. '이 세상에 변하지 않는 것은 없다는 말 외에는 모든 것이 변한다' 라는 말이 불변의 진리라는 것에도 동의하리라 믿는다.

　　그런데 왜 어떤 사람은 변화를 통해 성공하고 또 어떤 사람은 변화하지 못해 뒤처지는 것일까? 조직 역시 마찬가지다. 왜 어떤 기업은 늘 새로운 서비스로 기존 고객을 만족시키고 새로운 고객을 끌어오는데, 어떤 기업은 있던 고객마저 놓치고 마는 것일까?

　　혁신을 하려고 했는데 그 방법이 잘못되었을 수도 있다. 그러나 가장 기본적인 원인은 개인—조직에 속해 있든 아니든 간에—이 세상이 변한다는 사실을 깨닫지 못하고 있기 때문이라고 생각한다. 알고 있는 것과 온몸으로 깨닫는 것은 비교할 수 없을 만큼 큰 차이가 있다. 아니 비교 자체가 불가능하다. 차원이 다르다.

　　그렇지 않다면 스님들이 일평생 하나의 화두를 안고 온몸으로 정진하는 일은 없을 것이다. 산이 산이고 물이 물이라는 것을 모르는 사람이 어디 있는가. 그런데도 평생의 수양을 그 하나의 문장으로 정리하고 떠난 스님도 있다.

혁신이 가능하려면 각자 세상이 변한다는 사실을 통렬하게 가슴으로 느껴야 한다. 통곡하는 심정으로 변화를 느껴야 한다. 그러려면 시련이 필요하다. 좀더 괴로워하고 아파해봐야 깨달음이 온다. 면벽수도는 괜히 하는 게 아니다. 육체와 정신의 극심한 고통 속에서 새로운 뭔가가 채워지는 것이다. 과거의 개념을 버리면, 과거의 자신을 부정하면 고통이 따른다. 과거처럼 살 수 없다는 후회와 반성이 온다. 후회는 깨달음의 시작이다.

나는 중고등학교 시절, '불량학생'이었다. 성적도 불량했고 품행도 불량했다. 학교도 싫었고 공부도 싫었다. 자세히 들여다보면 모범생보다 불량학생이 더 고통스럽다. 어린 시절에 '불량인간'으로 낙인찍히는 것은 무엇보다 힘든 일이다. 교사와의 갈등 때문에 음독자살까지 시도했다. 다행히 의사인 아버지의 재빠르고 적절한 조치로 살아날 수 있었지만 불량학생이긴 마찬가지였다. 남들은 3년이면 마치는 고등학교를 4년 동안 다녔다. 단순히 남들처럼 대학에 가고 싶어서 1년 동안 공부해서 의과대학에 갔지만 거기서도 불량 의대생이긴 마찬가지였다.

내가 변하기 시작한 것은 본과 1학년 때 무의촌에 봉사를 하러 가서였다. 선배들이 진료하는 걸 보면서 의사가 되는 것이 두려웠다. 정확하게 표현하면 능력 없는 의사가 되는 것이 끔찍하게 두려웠다. 무의촌 봉사 후, 나는 달라졌다. 공부를 하기 시작했다. 교과서뿐만 아니라 관련 도서들도 읽었다. 남보다 뒤떨어지는 아픔을 겪었고, 다시는 그 길에 서고 싶지 않다는 반성이 있었다.

그 무렵 신문에서 삼성그룹 설립자 이병철 회장의 「변신론」을 처음 읽었다. 기업도 변해야 산다는 뜻이었는데, 당시로서는 새로운 명제였던 것 같다. 그때 가슴에 새겨진 '변해야 한다' 라는 명제를 지금까지 품고 있다.

후회는 빠르면 빠를수록 좋다. 가장 비참한 인생은 죽음 직전에 후회하는 것이다. 지금 변화를 통곡하라. 깊이 통곡하기 위해 지금 시련을 선택하라.

혁신이 가능하려면 통곡하는 심정으로 변화를 느껴야 한다.

그러려면 시련이 필요하다.

좀더 괴로워하고 아파해봐야 깨달음이 온다.

후회는 깨달음의 시작이다.

05
그래도 도전하라

변화에는 두 가지 측면이 있다. 하나는 지금 하고 있는 일을 더 열심히 하는 것이다. 과거와 일의 방식은 같지만 조금 더 많은 시간을 투입하고 조금 더 몰입하려고 애쓰는 것으로 변화를 꾀한다. 점진적으로 변화하겠다는 뜻이다. 결과는 더디게 나오지만 생활은 대폭 변화시켜야 한다. 텔레비전을 본다거나 인터넷에서 가십 거리를 읽는 등 허투루 보내던 시간, 혹은 휴식을 빙자해 빈둥거리던 시간을 생산적으로 쓰겠다는 선택을 해야 한다. 직장인들이 퇴근 후에 업무와 관련된 뭔가를 배우거나 직장에서 좀더 일을 열심히 하겠다는 결심 등이 여기에 포함된다. 쉬운 일은 아니지만 혁신이라는 이름을 붙이기에는 부족하다.

또 하나는 완전히 바꾸는 것이다. 직장인이라면 직업을 바꾸거나 직장을 옮기는 일이 되겠다. 두 가지 변화 모두 혁신이긴 하지만 두번째 변화에는 용기가 필요하다. 필수적으로 위기가 따라붙기 때문이다. 획기적 변화에 성공하면 새로운 레벨로 올라가지만 실패하면 어디까지 추락할지 알 수 없다. 그래서 두렵다. 그러나 두려움에 지면 그 자리에 붙어 있고 두려움을 이기면 도전을 한다. 한 번의 용기가 아니라 끈기 있는 용기가 필요하다.

나는 늘 두려움을 안고 산다. 누구든 그렇겠지만 미래는 언제나 두렵다. 수술에 임하는 의사도 두렵기는 마찬가지다. 확신도 있지만 완벽하지 않을 것이라는 두려움도 있다. 그러나 나는 늘 용기를 갖고 산다. 잘될 거라는, 잘되게 해야 한다는 믿음을 갖고 산다. 나를 돌아보고 반성을 하면서 새로운 길을 찾는다.

1991년 강남 미즈메디를 개원할 때는 어떤 두려움도 없었다. 무조건 된다는 신념으로 가득 차 있었다. 병원에 대한 내 확신과 신념을 보여주는 모델하우스였기에 거침이 없었다. 이 사회가 우리 병원을 필요로 하면 생존할 수 있을 것이고 아니면 '세상에 쓸모없는 거구나' 하면 그뿐이었다. 규모가 크지 않았기에 망하더라도 뒷감당을 할 자신이 있었다.

두려움이 나를 집어삼킨 때는 강서 미즈메디를 개원하고서였다. 건물을 올릴 때까지만 해도 강남 때와 크게 다르지 않았다. 강남에서처럼 강서에서도 빠른 시간 안에 자리를 잡을 것이라고 자만했다. 그런데 막상 개원을 하고 보니 상황이 달랐다. 아무도 아는 사람이 없는 강서에 와서 모르는 타인들로부터 신뢰를 얻는 것, 그래서 우리 병원에 오게 하는 것이 얼마나 힘든 일인지 몰랐다.

가장 큰 걱정은 사람이었다. 강남은 전체 인원이 100명이 채 되지 않았다. 한 사람이 우주처럼 소중하지만 그 정도 인원은 책임질 수 있겠다는 자신이 있었다. 그런데 강서는 사람이 많았다. 강남의 두 배인 200명이었다. 내가 판단을 잘못한 것은 아닐까? 병원이 문을 닫으면 이 많은 사람들은 어떻게 되나? 자본의 규모도 내가 감당할 수 있는 수준을 넘어서버렸다. 50억 원이라는 적자도 안고 있었다. 이는 곧 부채다.

잠을 못 이루고 뒤척이는 날이 부지기수였다. 하룻밤 사이에도 몇 번씩 생각이 바뀌었다. 오른쪽으로 돌아누우면 '그래도 세상이 내 뜻을 알아줄 거야' 라는 생각이 들었다. 그러다가 왼쪽으로 돌아누우면 '내가 왜 했지?' 라는 자책과 걱정이 몰려 들었다.

그러나 두려워도 멈출 수는 없었다. 발걸음을 뗀 이상 계속 걸어야 했다. 빚이 50억이나 되는 주제에 값비싼 의료장비들을 들여놓았다. 고객들에게 최선의 의료 서비스를 제공하기 위해 노력했다. 거북이처럼 미련하게 갔고 서광은 거북이걸음처럼 느리게 느리게 왔다. 5년이 지난 후에야 겨우 적자의 늪에서 벗어날 수 있었다. 올바른 생각을 옳게 행하면 세상은 외면하지 않는다는 것을 알았다. 돈을 좇지 말아야 한다는 것도, 첫 마음이 중요하다는 것도 배웠다.

그래서 지금은 두려움이 없어졌느냐고 묻는다면 천만의 말씀이다. 여전히 두렵다. 미래는 언제나 두렵다. 한 대기업 회장이 "5년 뒤를 생각하면 식은땀이 난다"라고 한 심정을 온전히 이해한다.

두려움에 벌벌 떨면서도 나는 언제나 새로운 시도를 한다. 내가 잘못된 판단을 근거로 새로운 시도를 하다가 미즈메디를 위기에 빠뜨릴 가능성은 언제든 있다. 그러나 가만있으면 그대로일 뿐이다. 그러면 있으나 마나한 병원이 되거나 없어져야 하는 병원이 될 것이다. 혹은 지금까지 쌓은 고객들의 신뢰를 밑천 삼아 복지부동할 수도 있다. 운이 좋으면 내가 살아 있는 동안에는 현상유지를 할 수 있을지도 모른다.

하지만 그다음은?

"내가 죽고 난 다음에 어떻게 되든 무슨 상관이람?"

나는 이렇게 말할 수 없다. 이미 오래전, 나 혼자만의 병원이 아니었다. 나 혼자 좌지우지할 수도 없다. 작게는 직원들의 병원이고, 넓게는 고객들의 병원이다. 내가 살아있는 동안, 혹은 올바른 판단을 할 수 있을 때까지만 잠시 내게 맡겨진 것이다. 그러니 나는 반드시 두려움을 이기고 새로운 도전을 해야만 한다.

혁신의 마음은 두려움이라는 치명적 복병 앞에서 좌절되곤 한다. 새로운 시도를 한 사람 혹은 조직이 그렇지 않은 경우보다 더 많이 성공했다는 역사적 통계는 없다. 새로운 시도를 했다가 실패한 사례가 역사에 기록된 사례는 많지 않을 것이다. 확고부동한 증거도 없다. 다만 선택이 있을 뿐이다. 두려움에 주저앉아 그 모양 그대로 있든지, 아니면 신념과 용기로 두려움을 이기고 새로운 시도를 하든지.

나는 늘 용기를 갖고 산다.

잘될 거라는, 잘되게 해야 한다는 믿음을 갖고 산다.

나를 돌아보고 반성을 하면서 새로운 길을 찾는다.

06
인간으로 배려하라

경제가 어려워지면서 구직난이 심각해졌다. 채용공고를 내기만 하면 단 한 명을 뽑는데도 수백 명이 몰려든다. 그래서일까, 일부 기업에서는 사람을 가볍게 여기는 풍토가 있다.

"너 하나쯤 없어도 일할 사람은 얼마든지 있다."

이런 생각이 공공연히 퍼지고 있는 것 같다. 사실일지도 모른다. 그러나 재능이 있고 그것을 받쳐줄 노력이 충분한 사람, 그래서 다른 사람보다 월등한 성과를 내는 사람은 많지 않다. 대부분은 고만고만한 성과를 내는 사람일지도 모른다. 그러나 그가 흔하디흔한 능력을 가졌다고 해서 인간으로서의 가치까지 흔하

디흔한 것일까. 나는 한 사람, 한 사람이 우주에 버금가는 가치를 지녔다고 믿는다. 그만큼 귀중하게 대접해야 한다고 믿는다.

얼마 전 우리 병원에서 오래 일하던 한 직원이 사표를 낸 일이 있다. 일 잘하던 사람이, 한 가정의 가장인 사람이 사표를 낸다니 걱정이 되었다.

"가장인 사람이 생계 대책은 세워놓고 그만두는 거예요? 왜 그만두려고 하는 거요?"

"그냥, 좀 쉬고 싶어서요."

사실이 아닌 것 같아 재차 물었다.

"왜 사표를 냈는지 진짜 괴로운 걸 말해보세요."

"실은, 밑의 사람들한테 걸림돌이 되고 싶지 않아서요."

자기가 버티고 있으면 부하직원들이 승진을 할 수 없다는 게 이유였다.

"그건 사실이 아니에요."

그의 생각이 사실과 어긋난다고 자신 있게 말할 수 있었던 것은 이미 '조사'를 한 상태였기 때문이다. 그를 만나기 전에 그의 존재를 걸림돌로 생각할 수 있는 동료들을 만나서 이야기를 들었다.

“우리도 깜짝 놀랐어요. 왜 나가시는지 몰라서요.”

그 직원이 계속 있으면 좋지 않은 점이 뭐냐고도 물었다. 그랬더니 “계셔도 괜찮아요. 전혀 불편한 거 없어요”라는 답이 돌아왔다. 속으로는 나가기를 바라면서 말만 그렇게 한다고 오해할 수도 있다. 만약 그들이 표리부동한 언행을 했다면 50여 년 동안 익혀온 나의 사람 보는 눈이 잘못됐거나, 그들이 아카데미 주연상을 받아야 한다.

그들이 진심이었음을 증명하는 또 다른 증거가 있다. 그 직원이 나간다는 가정 하에 누가 그 자리를 맡았으면 좋겠는지 물어보니 서로 양보를 했다. 각각 따로 만나 물었는데도 흔쾌히 상대에게 양보를 했다. 이것 역시 의심의 여지가 있음을 인정한다. 그렇다면 믿지 않으면 된다. 그것도 당신의 선택이다.

“승진의 기회가 생기는 것인데도 당신이 있더라도 불편한 것이 없다고 했어요. 당신이 정년까지 있더라도 이의제기를 하지 않을 사람들입니다. 그래도 그만둬야겠어요? 좀더 생각해보고 일주일 뒤에 메일로 답을 주세요. 나는 당신의 삶이 깨지는 게 싫어요.”

그 말끝에 직원이 말했다.

"이사장님은 진짜로 직원을 많이 생각해주시는 것 같아요. 여기서 많이 배웠고 많이 좋아졌고 행복하게 지냈어요."

내 진심을, 나한테 불만도 있겠지만 근본적으로는 자신들을 생각하고 있다는 것을 알아주어 고마웠다. 나는 우리 병원에서 일하는 모든 직원들이 행복하기를 바란다. 직장뿐 아니라 개인적인 인생에서도 그랬으면 좋겠다.

직원들에 대한 고민을 구체적으로 하기 시작한 건 병원을 설립한 지 3년째였던 1994년이었다. 40대 초반의 혈기왕성한 나이인데도 내가 죽으면 이 사람들은 어떻게 살아야 하는가를 생각했다.

그 방법 중 하나가 전체 파이를 키우는 것이다. 현재 우리 병원의 월급은 타 병원에 비해 많은 편이 아니다. 더 많이 주려면 현재의 인력으로 더 많은 고객을 받을 수 있는 시스템을 만들어야 한다. 그러자면 투자가 필수적이다. 파이에 대한 논쟁은 오래된 것이다. 키우고 나눌 것인가 아니면 나누면서 키울 것인가? 무엇이 옳다고 할 수는 없다. 하지만 성장우선에 반대를 하는 이유 중 하나는 불신에서 비롯된 것이라고 본다. 실컷 양보를 했더니 나중에 합당하게 나눠주지 않았다는 것이다.

돈은 누구나 좋아하지만 과도한 돈은 누구나 불행하게 만들 수 있다. 로또 당첨자들을 봐도 쉽게 알 수 있다. 행복해진 사람보다는 불행해진 사람이 더 많은 것 같다. 이 사회로부터 과도한 돈을 가져갔던 기업가의 말로도 크게 다르지 않다. 그의 인생이 아름답지 않았던 경우가 더 많았다.

내게도 탐욕이 있다. 탐욕으로 따지면 누구 못지않을 것이다. 더 좋은 집에, 스포츠카가 있으면 좋겠다. 이왕이면 전용 비행기도 있으면 좋겠다. 그러나 대리만족으로 끝내려고 노력한다. 지금도 나의 재능에 비해 많이 받고 있고 과분한 정도로 많은 사랑을 받고 있다. 아버지께서도 "이 사회로부터, 동료로부터 과분한 사랑과 대접을 받고 이 세상을 하직한다. 나는 행복하다"라고 말씀하셨다. 나도 그렇다. 그렇게 되기 위해 노력한다.

직원들에게 조금 더 많은 월급을 주기 위해 노력하지만 직원들이 돈 때문에 일을 하지 않았으면 좋겠다. 고객들을 위해 조금이라도 봉사하고 헌신했다는 생각에서 기쁨을 느꼈으면 한다. 그런 가치관이 정립되어 있어야 받는 돈이 커 보인다. 그렇지 않으면 늘 불만일 것이고 불만인 상태에서 좋은 의료 서비스가 나오기를 기대할 수는 없다.

　의료는, 아니 모든 서비스는 마음으로 해야 한다. 우리는 마음이 없는 서비스는 불친절하다거나 형식적이라고 부른다. 그 마음은 돈으로 살 수 없다. 잠시 사람을 속일 수는 있지만 끝내 속이지는 못한다.

　돈을 주고 노동력을 구매하는 게 아니다. 마음을 주고, 그 마음에 동의한 사람들이 고객들에게 마음으로 서비스하는 것이다. 월급은 마음으로 서비스하는 것의 동기가 아니라 그 과정에서 생기는 부가적인 수익이다. 현실과 동떨어진 이야기일지 모르지만 나는 이것이 맞다고 생각한다. 당장은 힘들어도 궁극적으로는 미즈메디가 고객들에게 마음을 주고 고객들의 마음을 받는 병원이 되는 것이 나의 목표 중 하나다.

07
직원들의
신뢰를 얻으라

누구든 자신의 실수는 인정하기 어렵다. 적당히 눙치고 넘어가거나 남 탓으로 둘러대고 싶은 유혹에 빠진다. 그리고 그 유혹에 빠지면 신뢰를 잃어버린다.

얼마 전, 각 부서장들과 회의를 하던 중 감가상각이 제대로 회계처리되지 않고 있었다고 생각했다. 금액상으로도 제법 많은 액수였다. 세무회계상 용인하고 있어서 적법성에 문제가 있는 것은 아니었지만 내가 정확히 알지 못하고 있었다는 것은 있을 수 없는 일이었다. 나는 머리끝까지 화가 났다. 그 자리에서 담당자인 경리부장을 호되게 질책했다. 경리부장은 진땀을 흘렸고 같이 있던 부장들도 어찌할 바를 몰랐다. 두 시간 넘게 화를 냈던 것으로 기억한다.

회의가 끝난 후에도 화가 가라앉지 않았다. 하루 종일 그 일이 머리를 떠나지 않았다. 집에 가서도 그 생각뿐이었다. 그런데 화가 가라앉으면서 사건이 객관적으로 보이기 시작했다. 경리부장도 나름 병원을 위해 업무를 처리한 것이었다. 결과도 나쁘지 않았다. 문제는 단 하나, 나에게 정확하게 그 사실을 인식시키지 못한 것이었다. 보고하는 과정에서 실수가 있긴 했지만 그렇게 질책을 당할 만한 일은 아니었다.

다음 날 나는 '경리부장에 대한 사과'를 그날의 우선 업무로 꼽고 출근을 했다. 그런데 그는 출근을 하지 않은 상황이었다. 화가 나기도 했을 것이고 서운하기도 했을 것이다. 열심히 자기 직분에 충실하려 했고 결과도 나쁘지 않았는데, 단지 보고가 서툴렀다는 것 때문에 그렇게 야단을 맞았으니 누구라도 출근하기 싫었을 것이다.

그에게 출근을 하라고 이르고 어제 회의에 있었던 다른 부장들도 불렀다. 다른 부장들을 부른 이유는 그의 명예를 회복시켜주기 위해서였다. 조용히 불러 사과하면 둘 사이의 문제는 해결될 수도 있겠지만 그의 명예는 회복되지 않는다. 나는 그들이 보는 앞에서 정식으로 사과를 했다.

"그렇게 화를 낼 일이 아니었는데 화를 내서 미안합니다. 그리고 당신에 대한 내 신임에 변함이 없어요. 걱정 말고 일하셔도 됩니다."

이로써 직원의 신뢰를 잃는 일을 막을 수 있었다.

인간인 이상 누구나 실수를 할 수 있고 CEO도 인간의 범주에서 벗어날 수 없다. 중요한 것은 실수를 인정하는 것이다. 부하 직원 중 누군가가 자신의 실수를 끝까지 인정하지 않는다면, 이 핑계 저 핑계를 대거나 대충 얼버무리고 넘어가려 한다면 그를 신뢰할 상사는 없다. 직원들도 마찬가지다. 경영자가 자신의 실수를 인정하지 않고 권위로 누르면, 우선은 따르는 듯하지만 믿음을 주지 않는다.

병원경영과 관련된 모든 것을 투명하게 공개하는 것도 신뢰를 위해서다. 우리 병원에는 부장 이상의 직급들이 운영하는 개선위원회가 있다. 병원장이 좌장을 맡고 있는데 회의 때마다 평직원 2명이 명예위원으로 참석하고 있다. 병원의 경영진이 회의에서 무슨 이야기를 하는지 평사원들에게 알릴 수 있는 '감시자'로서 참석하는 것이다. 명예위원은 한 달마다 바뀌니까 경영 진과 '담합'할 여지는 없다. 거기서 사원들은 병원의 수익금이 어디에 쓰이고 있는지 알 수 있다. 병원이 현재 어떤 어려움을 겪고 있는지도 알 수 있고 환자의 불만과 항의가 있었다면 그것 도 알 수 있다. 병원에서 일어나는 좋고 나쁜 모든 일들을 모든 구성원들이 공유하게 하는 것이다. 한편으로는 감시자이면서 또 한편으로는 경영진에 대한 이해를 위한 것이기도 하다.

사람은 자신이 보지 못하는 세계에 대해서는 의심하기가 쉽다. 저 사람들이 무슨 작당을 하고 있는가 하고 말이다. 그러 나 직접 참여하고 나면 그런 의심은 없어진다. 자신이 아니라도 다른 동료가 보고 와서 알려주니까 의심이 사라진다. 또 수뇌부 가 고민하는 것을 보면서 상호 간에 이해도가 깊어진다. 병원에 생긴 나쁜 일이 누군가의 실수에 의한 것이라면 무슨 실수를 했 는지 알아야 같은 실수가 전염병처럼 돌아다니는 것을 막을 수 있다. 문제가 생겼을 때 어떻게 해결하는지를 보고 배울 수도 있다. 운영회의에서 논의된 내용은 회의록으로 정리해 모든 직 원의 이메일로 보낸다. 뭔가 비밀을 만들려고 해도 쉽지 않은 구조다.

CEO인 나는 신뢰의 상실을 제일 두려워한다. 신뢰를 잃으면 모든 것을 잃는 것이나 마찬가지다. CEO가 정직하고 숨김이 없어야 하고, 잘못을 인정하고, 돈만 밝히는 사람이 아니라는 것을 직원들이 알아야 한다.

혁신도 신뢰라는 바탕이 있어야 가능하다. 혁신의 방향이 타당하더라도 그것을 말하는 사람을 믿지 못한다면 '말은 참 잘한다' 라는 반응이 나올 것이다. 혁신의 방법이 효과적이라도 상호 간에 신뢰가 없다면 각자가 몸을 사리게 된다. 누구든 괜히 나섰다가 억울한 피해자가 되기를 원하지 않는다. 모두들 시늉만 할 뿐 진심으로 혁신을 위해 움직이지 않을 것이다.

나는 의사와 직원들에게 최대한의 자유를 보장한다면 감독하고 규제하는 것보다는 생산성이 높을 것이라 믿는다. 현재까지 내 경험에 따르면 이 믿음은 옳다. 자유를 보장하려면 먼저 사람을 믿어야 한다. 내가 보지 않는 곳에서 어떻게 할지 모른다는 생각이 들면 자유를 보장하기 어렵다. 나는 기본적으로 사람을 신뢰한다. 그것이 내 선택이다. 믿는 도끼에 발등 찍힌다고들 하는데 실은 믿지 않는 도끼에 발등을 찍히는 경우가 훨씬 더 많다. 물론 나 역시 사람을 향한 신뢰를 잃어버릴 때가 있다. 내 입장에서 보면 탈선이다. 얼른 제 궤도로 돌아오기 위해 애쓴다. 늘 흔들리면서 가는 게 사람인 것 같다. 중요한 것은 얼마나 빨리 제 궤도로 돌아오느냐는 것이다.

08
실수를 인정하라

상품의 불량률이 높으면 소비자들은 그것을 생산한 기업을 믿지 않는다. 기억을 하고 있다면 다음에는 그 회사의 상품은 구매하지 않을 것이다. 당연한 결과다.

그런데 이보다 더 고객의 신뢰를 잃는 행동이 있다. 불량을 인정하지 않고 고객의 사용부주의에 따른 고장이라고 우기는 것이다. 복잡하고 전문적인 지식이 들어간 제품일수록 우기기는 더욱 쉽다. 제품 자체의 결함을 증명하기도 어렵거니와 소송이라도 하려면 몇 년을 끌기 일쑤다. 고객은 자신의 시간과 돈을 포기하지 않는 한 기업을 상대로 싸움을 벌일 수 없다. 고객은 눈물을 머금고 싸움을 포기한다.

그러면, 기업은 이긴 것인가? 아니다. 이런 경우 오히려 가장 나쁜 패배를 한 것이다. 우선은 불량을 인정하지 않음으로써 개선의 기회를 놓쳤다. 그리고 고객의 신뢰를 잃었다. 눈물을 머금은 고객은 지속적으로 해당 기업에 불리한 소문을 퍼뜨리고 다닐 것이다. 매우 객관적인 사람이라 할지라도 이런 소문은 다소 과장되기 쉽다.

병원도 마찬가지다. 병원에서의 불량은 의사와 간호사, 여타 직원들의 불친절도 있겠지만 핵심은 의료사고다. 고객으로서는 병을 고치러 병원에 왔다가 병을 얻어가는 것만큼 억울한 일도 없다. 그보다 더 분통 터지는 일은 분명 의사의 과실인 것 같은데 인정을 하지 않는 것이다. 증명할 방법이 없거나 어렵다. 많은 돈을 들여 소송을 해도 이길지 어떨지 확신하기 어렵다. 싸움을 포기한 고객은 평생에 걸쳐 우리 병원을 욕하고 다닐 것이다.

몇 년 전, 우리 병원에서 오진이 있었다. 환자가 복통을 호소하며 혹시 맹장염이 아니냐고 했는데 담당의사가 통증이 있을 수도 있다며 환자의 말을 무시했다. 그런데 다음 날 맹장이 터졌고 환자는 수술을 해야만 했다. 오진이 명백하지만 전후 사정을 보면 납득이 가는 면도 있다. 바로 이틀 전에 검사를 했을 때만 해도 아무 이상이 없었다. 그 검사만 믿고 재검사를 하지 않은 것이었다.

환자는 의사가 소홀했다며 항의하고 화를 냈다. 이럴 때 다른 병원은 어떻게 하는지 모른다. 일부 정직하지 못한 의사들은 거짓말을 할 수도 있다. 복통의 증세가 맹장염의 그것과는 달랐다고 할 수도 있고 의무기록을 고치려 들 수도 있다. 전문가적 입장에서 정보가 부족한 환자를 속이려고 할 수도 있다고 생각한다. 또는 각종 법률적 방법으로 빠져나갈 길을 찾으려고 할 수도 있다.

다행히 오진을 한 의사는 미즈메디의 방침을 제대로 이해하고 있었고 그대로 행동에 옮겼다.

"이틀 전 검사만 믿고 그사이의 변화에 대해 주의 깊지 못했습니다. 검사를 하면 비용이 발생하고 또 환자분을 괴롭게 할 수 있기 때문에 하지 않았습니다. 하지만 명백히 제 실수입니다. 죄송합니다."

의사의 실수로 자칫 위험할 뻔했던 환자는 한참 분노와 서운함을 표시했다. 그때마다 담당의사는 사과를 했다. 의사가 거듭 사과를 하자 환자는 마음이 풀렸는지 다음과 같은 말을 하고 떠났다.

"나는 당신의 실력은 못 믿겠지만 의사로서의 양심은 믿을 수 있다고 생각한다."

죄송하고도 고마운 일이다. 의사도 완벽할 수 없다. 때로는 실수를 할 수 있다. 그러나 우리의 과오를 정확히 인지하고 인정함으로써 환자들의 마음이 상하는 일은 막을 수 있다고 생각한다. 완벽하게 막지는 못해도, 적어도 상한 마음을 달랠 수는 있다.

잘못이 없을 때도 마음을 보살피는 노력이 필요하다. 사람은 자신이 모르는 분야에 대해서는 의구심을 갖게 마련이다. 친한 사람 중에 의료계와 법조계에 종사하는 사람이 있어야 한다는 말이 있다. 전문적인 분야니까 속을지도 모른다는 불안감이 있다는 것이다. 아는 사람이니 적어도 자신을 속이지는 않을 것이라는, 그에게 일을 맡기지는 않더라도 사실관계를 물어볼 수는 있다는 생각이리라.

의사가 모든 환자의 기대에 부응하지는 못한다. 의료기술 자체의 한계도 분명히 있다. 맹장염의 진단율이 50퍼센트밖에 되지 않는다. 정복한 질병보다 정복하지 못한 질병이 더 많다. 그래도 의사의 기본 마음은 선하다. 환자를 해치고자 치료에 임하는 의사는 없다. 행위 자체만 보면 선하기 이를 데 없지만 여기에 돈 문제가 끼어들면서 불신을 낳는다. 실제로 불필요한 검사로 환자에게 의료비를 부담지우는 병원이 없는 것은 아니므로 의료계 종사자로서 마냥 큰소리칠 입장은 아니다.

나는 작게는 우리 병원이 고객들에게 신뢰를 얻었으면 좋겠고 크게는 우리 사회 전체가 서로를 신뢰했으면 좋겠다. 우리가 실수를 인정하고 정직하게 사과하는 것, 그로 인한 치료비와 우리가 부담하는 것에는 이런 바람들이 포함되어 있다(2000년에 강서 미즈메디를 개원하면서 'AS를 해주는 병원'으로 출발했을 때 동료 의사들에게서 비난을 받았다. 치료를 잘못했으면 당연히 환자에게 비용을 물리지 않는 것이 당연한데도 실수를 인정하기 싫어서 혹은 돈 때문에 이런저런 핑계를 댔던 병원이 있는 것도 사실이다). 우리 사회가 훨씬 더 건전해지면 그것이 환자의 병에도 도움이 된다고 믿는다. 의사가 자신의 과실을 인정하지 않을 때, 환자는 소송으로 배상을 받아내더라도 마음으로 받은 상처는 치유되지 않는다. 마음으로 받은 상처는 마음으로 치료하는 것이 순리다.

우리가 실수를 했을 때 우리의 실수를 인정하고 환자의 불편한 마음을 달래는 것이 미즈메디의 원칙이다. 그렇다고 덮어놓고 모두 우리의 실수라고 할 수는 없다. 때로는 현대 의학에 무모한 기대를 하는 분들이 있고 그래서 병원에 섭섭한 마음을 품는 분들이 있다. 그러나 우리의 과실이 아닌 경우에는 단호하게 대처한다.

우리 병원에서도 사망사고가 한 건 있었다. 한 산모가 산후출혈이 심했다. 피를 몇십 병 수혈한 후 위기를 넘겼다. 깨어난 산모는 아기를 안아보기도 했다. 그런데 다시 악화됐고 대학병원에 옮겨 치료했지만 거기서 20여 일 만에 사망했다. '양수색전증'이었다. 진통 중에 양수가 엄마의 혈관으로 들어가는 것이다. 출산과정에서 생기는 양수색전증은 사전에 미리 알 수가 없다. 안타까운 일이지만 우리로서는 불가항력이었다. 의학적으로는 다 이해하고 있는 병이지만 보호자 입장에서는 억울하기 이를 데 없다. 멀쩡하게 걸어들어와 아기를 낳은 산모가, 어제까지 멀쩡하던 아내가 갑자기 사망하니까 보호자로서는 의심을 할 수밖에 없다.

결국 보호자는 소송을 걸었다. 우리는 법정에 가서 부검을 해서 원인을 밝히고 무죄를 받아냈다. 최종 판결이 나기까지 재판은 3, 4년 동안 이어졌다. 보호자는 패소 후 "그래도 선처해달라"라는 장문의 편지를 내게 보냈다. 인간적인 마음이야 도와주고 싶지만 그럴 수 없었다. 우리 실수를 인정하는 꼴이 되어버리기 때문이다. 몇 년 사이 부쩍 자란 아이의 크리스마스 선물을 보내는 것으로 마무리지었다.

말을 하든 하지 않든 사람은 자신이 경험하는 모든 것에 평가를 내린다. 배가 고파 허겁지겁 밥을 먹을 때도 음식이 맛이 있는지 없는지 판단하고 있다. 설사 스스로 그 사실을 모르더라도 말이다. 환자들 각각은 미즈메디가 좋은 병원인지 나쁜 병원인지, 필요한 병원인지 그저 그런 병원인지, 거기서 일하는 의사들이 좋은 의사인지 나쁜 의사인지 끊임없이 판단을 내리고 있다. 이런 개개의 판단들이 모여 평판이 된다. 좋은 실력으로 정직하게 하면 평판이 좋아질 것이고 돈을 위해 하면 평판이 나빠질 것이다. 판단들이 평판이 되기까지는 시간이 걸린다. 매미처럼 이 시간을 견디면 시간은 아군이 되지만 참지 못하면 시간은 무엇보다 두려운 적군이 된다. 시간을 아군으로 만드는 것도, 적군으로 만드는 것도 모두 자신의 선택에 달려 있다.

마음으로 받은 상처는 **마음으로** 치료하는 것이 순리다.

우리가 실수를 했을 **때 우리의** 실수를 인정하고

환자의 불편한 마음을 달래는 **것이 미즈메디의** 원칙이다.

09
고객의 숨겨진 욕구도
파악하라

오래전 비오는 어느 날이었다. 뜻하지 않게 '무자격 치료'를 한 적이 있었다.

50대쯤 되어 보이는 여성 환자가 부인과 진찰을 받으러 왔는데 누가 봐도 알 수 있을 정도로 표정이 어두웠다. 몸이 아파서 표정이 어두운 게 아니었다. 다른 문제가 있는 듯했다. 지금도 그 마음은 변함없지만 나는 우리 병원에 오는 모든 분들이 행복하기를 바랐다. 진료 중에 환자와 눈을 맞추면서 숨겨진 욕구까지 파악하려 노력하는 것이 일상이었다. 그분을 진료하는 내내 어두운 표정이 신경 쓰였다. 그래서 날씨 이야기도 하고 병이야기도 하면서 넌지시 무슨 안 좋은 일이 있느냐고 물었다. 어디 털어놓을 데가 없었던 것일까, 그분은 의외로 빨리 마음을 열고 자신의 고민을 들려주었다.

부부 사이의 '치명적 의료사고', 남편이 바람을 피우는 것 같다는 것이었다. 편지를 주고받고 있으며 그 상대가 누군지도 알겠다고 했다. 현장을 덮치지만 않았을 뿐 정황증거는 충분했다. 그분은 남편에게 바람피운 사실을 인정하라고 다그쳤지만 남편은 끝까지 인정을 하지 않았다. 남편이 바람 난 것만도 억울한데 인정까지 하지 않으니 억장이 무너진다고 했다.

나는 심리치료사도 아니고 부부 문제 전문가도 아니면서 '무자격 상담'에 들어갔다. 환자의 상처를 알아주는 것이 먼저였다.

"이해합니다. 화나시는 게 당연합니다. 얼마나 분하시겠어요."

충분히 억울한 마음을 알아준 뒤에 다시 물었다.

"남편이 실토하면 이혼하실 건가요?"

그녀는 잠시 머뭇거리더니 대답했다.

"저도 이혼할 생각까지는 없어요. 그냥 인정을 하라는 거지요. 그런데 계속 오리발을 내미니까…….”

대화 중에 내가 파악한 그녀의 욕구는 ‘남편을 뺏기고 싶지 않다. 남편이 내 상처를 알아주고 내게 충실하도록 하고 싶다’ 라는 것이었다.

“생각을 조금 달리해보는 건 어떤가요?”

“어떻게요?”

“남편이 부정하는 이유는 뭘까요? 부인에 대한 배려는 아닐까요? 제가 보기에 남편도 부인처럼 가정을 깨는 건 원치 않는 것 같아요. 그래서 사실이 드러났는데도 끝까지 부정하고 있는 거지요. 부인께서 더 파고들어 끝내 남편이 인정을 하시면 상처가 더 크실 것 같아요. 이쯤에서 용서하시고 넘어가면 남편도 앞으로는 조심하지 않을까요?”

내 말이 도움이 되었는지는 알 수 없다. 얼마 뒤 그분이 다시 병원에 왔을 때는 어느 정도 해결이 된 것 같았다. 완벽하게 잊히지는 않았겠지만 이전보다는 얼굴이 밝았다.

뜬금없이 웬 부부 사이의 문제를 이야기하는가 하고 생각할지도 모르겠다. 오래전 이야기를 꺼낸 것은 미즈메디의 새로운 이념을 말하기 위해서다. 우리는 실수를 바로잡는 AS를 넘어

‘마음까지 AS해주는 병원’으로 거듭나고 싶다. 치료와 직접적인 관계가 없는 환자 개인의 고민까지 들어주려는 태도가 되어 있어야 마음까지 AS해줄 수 있다.

병원에 오는 사람들은 몸만 아픈 게 아니고 늘 마음도 같이 아프다. 왜 나만 병에 걸렸나 하는 분노와 억울함도 있다. 아기를 쉽게 가지지 못하는 난임의 경우, 죄책감을 느끼는 환자도 있다. 이런 환자들의 마음까지 보살피고 싶은 것이다. 심리상담가는 아니지만 의사들이 환자들에게 한 걸음 더 다가가 불만을 듣고 섭섭한 마음을 알아주려고 한다.

그리고 그 연장 선상에 있는 것이 ‘O2 프렌들리’, 즉 환경을 사랑하는 병원이다(의료계에서 처음이라는 자부심은 스스로에게 주는 보너스다). 사람은 자연에서 편안함을 느낀다. 우리 병원에 오는 사람들은 건물 안에 있는 정원을 보고 감탄을 한다. 정성을 들이기는 하지만 이 정도의 정원은 야외에 나가면 쉽게 찾을 수 있다. 그런데도 단지 건물 내에 있다는 것만으로 사람들에게 신선한 자극을 준다. 의료에 꼭 필요한 공간을 제외한 나머지 공간은 가능하면 ‘녹색’으로 채우고 싶은 것이 내 욕심이다.

어떤 의원에 갔다가 ‘우리는 산소를 드립니다’라는 홍보물을 본 적이 있다. 승강기에 산소발생기를 설치해놓았다는 것이 그 이유였다. 언뜻 생각하면 잠깐 머무는 승강기까지 세심하게 신경을 쓴 것 같지만 내가 보기에는 눈속임에 불과했다. 승강기는 밀폐된 공간이 아니다. 공기가 얼마든지 드나든다. 산소발생기 때문에 산소가 조금 더 많기는 하겠지만 얼마나 차이가 나겠는가. 더 중요한 건 산소를 발생시키려면 전기가 소모된다는 것이다. 전기를 사용하면서 환경을 말하기는 어렵다.

미즈메디의 'O2 프렌들리'는 이제 시작이다. 포장재를 줄이고 에너지 절감책을 강구해야 한다. 우리의 모든 행동을 에너지 저소비 구조로 바꾸어야 한다. 구호만이 아니고, 얄팍한 눈속임도 아니고 근본적인 사고와 행동의 변화를 이뤄낼 것이다.

병원이 왜 '녹색'이 아니냐고 따질 환자는 없겠지만 녹색이면 모두가 좋아할 것이다. 누구도 말하지 않았지만, 고객 스스로도 잘 몰랐지만 분명 자연에 대한 욕구가 있었기 때문이다. 숨겨진 욕구를 파악하는 연습을 하면 숨겨지지 않은 욕구는 너무나 쉽게 눈에 보인다. 고객의 욕구가 눈에 보여야 해결해줄 수 있고 그래야 고객이 만족한다.

구호만이 아니고, 얄팍한 눈속임도 아니고
근본적인 사고와 행동의 변화를 이뤄낼 것이다.

10
부당한 요구에는
당당하라

언제 재떨이가 날아올지 몰랐다. 문밖에서는 직원들이 어찌할 바를 모르고 있었다. 내가 금방이라도 피투성이가 되어 나올 것만 같았다고 한다. 솔직히 나도 두려웠다. 화가 잔뜩 난 조직폭력배의 두목과 단둘이 내 방에 있었으니 말이다.

사건의 발단은 우리 병원에서 태어난 아기의 손가락에서 비롯되었다. 넷째손가락과 새끼손가락이 붙어 있었다. 그리고 그 아이의 아버지가 조폭의 행동대장쯤 돼 보였다. 그는 의사가 기형인 손가락을 발견하지 못했다고 비난하고 협박하고 사과를 요구했다. 손가락이 붙은 것은 초음파로 알 수 있는 방법이 없다. 처음부터 그랬는지, 뱃속에서 자라는 중에 붙었는지도 알 수 없다. 의사의 부주의, 실력 부족 따위의 잘못은 아니다.

그런데도 담당의사는 사과에 사과를 거듭하고 집에 찾아가 아기 엄마에게도 사과를 했다고 한다. 그에게는 잘못이 없었지만 협박에 못 이긴 결과였다. 담당의는 사과를 했음에도 —잘못한 것이 없음에도 불구하고— 어쩌지 못하고 근 한 달을 시달렸다고 했다. 말은 사과를 요구하고 있었지만, 그렇게 사과를 해도 계속 괴롭히는 건 보상을 요구하는 것이었다. 담당의도 그 사실을 모를 리 없다. 그러나 잘못이 있을 때는 AS를 해주지만 그렇지 않을 경우에는 단호해야 한다는 우리 병원의 원칙상 보상은 불가능했다. 그래서 사과만 하면서 괴롭힘을 당하고 있었던 것이다.

나는 처음에는 모르고 있다가 두어 달이 지난 후에야 알게 되었다. 견디다 못한 부원장이 공을 내게로 넘긴 것이다. 만나야 하나 말아야 하나 고민을 하다가 이사장인 내가 해결해야 한다고 생각했다. 직원들이 해결하지 못하는 문제를 해결하는 것도 CEO의 역할 중 하나다.

내 방으로 들어오는 그의 첫인상은 영화에서 본 조폭의 이미지와 비슷했다. 180센티미터가 넘는 키에 체격도 좋았다. 까만 양복에 머리는 올백으로 올려붙이고 있었다. 다른 장소에서, 다른 사람의 것이라면 귀엽게 보일지도 모를 꽁지머리조차 공포스러워 보였다. 무엇보다도 눈에 보이지 않는 조폭 특유의 살벌하고 험악한 분위기가 사람을 기죽게 했다. 그의 태도만 보면 우리가 어마어마한 의료사고라도 저지른 것 같았다.

자리에 앉은 그는 시가를 꺼내 물더니 질겅질겅 씹었다. 한 번씩 재떨이를 만질 때마다 내 머리로 재떨이를 던질 것만 같았다.

"지금 서운한 걸 말씀해보시죠."

"손가락이 잘못된 걸 발견 못했으니까 병원에서 책임을 져야 할 거 아뇨."

"더 말씀해보세요. 불편하거나 마음 상하거나 섭섭한 것 전부 다 말씀해보세요."

"내 아들을 프로 골퍼로 키우려고 골프채까지 사놓고 기다렸소. 그런데 내 꿈이 깨진 거 아뇨? 그리고 무엇보다 신생아실에 찾아오는 내 부하가 300명인데, 걔들한테 내 아들을 보여주지 못하는 안타까움을 당신이 이해할 수 있겠소?"

그 외에도 많은 말을 했는데 이 두 가지가 내 마음에 닿았던 지 아직 기억하고 있다. 그의 대처방법이 옳은 것은 아니지만 그 안타까움은 이해할 수 있었다. 잘못 대응하면 재떨이가 날아오는 상황이고 단호하지 못하면 내가 담당의처럼 괴롭게 될 것이었다. 아니나 다를까, 그는 나에게도 협박을 하기 시작했다.

"내 밑으로 부하가 300명입니다. 나는 법 없이, 법 무시하고 살았습니다."

그러고서 나를 쳐다봤다. 그 눈빛은 '내가 이렇게 무서운 사람이다. 내가 원하는 대로 하지 않으면 무슨 일을 저지를지 모른다' 라고 말하고 있었다. 나는 재떨이를 맞을 각오로 단호하게 말했다.

"부하가 300명이시라고요? 저는 직원이 500명입니다. 법을 무시하고 사셨다고요? 저는 법만 지키면서 살았습니다. 우리 병원에는 법 지키는 직원이 500명입니다."

내 대응이 의외였는지 그는 당황하는 듯 말을 하지 못했다. 나는 말한 김에 더 쏘아붙였다.

"손가락이 붙었다고 이 아기를 안 키우실 건가요? 버리실 건가요? 아니면 죽일 건가요?"

"내 새끼 내가 키워야지, 버리기는 뭘⋯⋯."

"이 아기는 가정의 축복이자 사회의 축복인데, 당신은 그 시작을 이렇게 험악하게 하고 싶으세요? 이 아기는 누가 만들었나요? 의사가 만들었나요? 손가락이 붙었다는 것 때문에 아이가 힐난받아야 하는 상황은 아닌데 당신이 그렇게 만들고 있어요. 당신은 지금 의사를 괴롭히고 병원에 위해를 가할 것처럼 행동하고 있어요. 물론 그럴 수 있어요. 분풀이를 할 수도 있겠지요. 그렇지만 의사는 부인이 안전하고 건강하게 아기를 낳을 수 있도록 최선을 다했는데, 그 선의를 악의로 갚고 싶으신가요? 그렇게 해서 이 아이가 축복을 받을 수 있을 거라고 생각하세요? 지금 우리 병원이 할 수 있는 일은 좋은 성형외과 의사를 소개해줘서 이 아이가 정상적으로 생활할 수 있도록 도와주는 일입니다. 그리고 당신은 그 병원에 가서 아이가 손을 제대로 쓸 수 있도록 수술을 받게 하는 겁니다. 당신과 당신의 아이는 의사의 도움이 필요한데 왜 이렇게 하세요. 이렇게 무의미한 분풀이를 계속하시겠어요, 아니면 아이가 수술받도록 하시겠어요?"

그날의 '담판' 이후로 그는 더는 나타나지 않았다. 병원을 소개해달라는 말도 없이 사라져서는 다시 오지 않았다.

한 사람의 부당한 요구라면 들어줄 수 있을지도 모른다. 단한 사람에게서 끝난다는 보장만 있다면 말이다. 부당한 요구를하는 고객이 늘어나면 부당하지 않은 고객들이 피해자가 된다.잘못이 없는데도 사과를 하면 우리 직원의 자부심이 무너진다.나는 우리 병원이 사회에서 당당하기를 바란다. 우리 직원들이당당하게 일하기를 바란다. 당당하게 우리의 꿈을 이루어주기를바란다.

11
CEO는 코치다

60억이 넘는 사람들 중에 똑같이 생긴 사람이 한 명도 없다는 것, 똑같이 생각하는 사람도 없다는 건 어떻게 보면 당연하고 또 어떻게 보면 신기하기도 하다.

우리 병원에서 일하는 사람들 중에도 똑같이 생기거나 같은 생각을 하는 사람은 없다. 그런데 이들이 모여 하나의 목적을 위해 일하고 있다. 생각은 자유고, 그 자유가 있어야 창의적인 발상이 가능하다. 이럴 때는 다른 것이 좋다. 전부 다 똑같은 아이디어만 내면 회의를 할 필요도 없다.

그런데 하나는 똑같았으면 좋겠다. 바로 '병원에 대한 가치관'이다. 우리 병원의 가치를 실현하는 방법은 무수히 많다. 다양한 방법을 생각해낼 다양한 사람이 필요하다. 그중에서 가장 좋은 방법을 택하면 된다. 하지만 가치관이 다르면 똑같은 지침에 따라, 똑같이 행동해도 전혀 다른 결과가 나온다. 전쟁에 참가한 병사들이 똑같은 총에 똑같은 총알을 장전하고 각자 다른 방향으로 쏘는 것과 같다. 적군은 앞에 있는데 뒤로 쏘고 땅으로 쏘는 꼴이다. 백전백패다. 실력은 없는데 가치관이 올바른 의사는 그냥 마음씨 좋은 아저씨다. 능력을 배양하면 실력도 있고 마음씨도 좋은 의사가 될 수 있다. 그런데 실력은 있으나 가치관이 잘못된 의사는 실력이 쌓일수록 재앙의 크기가 커진다.

다양한 사람을 하나의 올바른 가치관 아래 모으고 그것을 실현해가는 것이 경영자의 역할이다. 이 역할을 수행하기 위해 경영자에게는 다양한 얼굴이 필요할 때가 있다. 최근에 빌 게이츠의 성격에 대한 글을 읽고 크게 위안을 받았다. 회사에서의 그는 때로는 괴팍하고 성격이 나쁘며 어떤 때는 '미친놈' 같다고 한다. 그런데 또 어떤 때는 양처럼 순하기도 하단다. 그는 양과 늑대 사이를 오가는 사람이라고 했다.

내가 보기에 빌 게이츠의 진짜 성격은 선한 것 같다. 그러니까 '빌 & 멀린다 재단'을 만들어 지구의 빈곤 및 질병 퇴치에 나머지 인생을 바치고 있는 것이다. 기부라는 게 말이 쉽지 수백억 달러를 내놓기가 어디 쉬운 일인가. 어지간한 마음을 내지 않고서는 불가능하다. 계산기로 대충 두드려봐도 동그라미를 한참 세야 한다.

그런 사람이 회사에서는 극단을 오가는 행동을 했다니 참 반가웠다. 내게도 그런 면이 있기 때문이다. 어떤 일에는 금방 숨이 넘어갈 것처럼 급하게 서두르다가 또 다른 일은 거북이처럼 느긋하게 대처한다. 어떤 직원에게는 괴팍한 노인네처럼 까다롭게 굴다가 또 다른 직원에게는 그의 형이나 오빠인 양 따뜻하게 대한다. 때로는 온갖 사정을 세심하게 살피면서 일을 진행하고 또 때로는 불도저처럼 앞뒤 사정 안 보고 몰아붙인다.

속내를 모르는 사람들은 이사장이라고 제 기분 내키는 대로 행동한다고 할 것이다. 나도 그랬으면 좋겠다. 내 성격대로 행동했으면 좋겠다. 나도 직장인으로 있을 때는 내 성격대로 살았다. 내 성격대로 사는 게 성격대로 살지 않는 것보다 훨씬 쉽다.

CEO에게는 여러 가지 얼굴이 필요하다. 엄숙한 분위기를 만들어야 할 때도 있고 즐거운 분위기가 필요할 때도 있다. 하나의 성격, 하나의 얼굴로 모든 상황에 대처하기는 어렵다. 그때그때 적절한 '카드'를 다르게 꺼내야 효과적이다. 인간 노성일과 미즈메디병원 이사장 노성일이 일치하지 않는 이유다.

내게는 사람에 대한 두 가지 믿음이 있다. 사람은 누구나 무한한 가능성이 있고 누구나 자기 스스로 문제와 해결 방안을 알고 있다는 것이다. 그 가능성을, 해결 방안을 세상 밖으로 꺼내 실현하는 사람과 그냥 가능성으로만 남겨두는 사람이 있을 뿐이다. 내 역할은 그들이 자신의 가능성과 해결 방안을 꺼내도록 코치하는 것이다.

명의는 독수리의 눈과 사자의 마음과 여성의 손길을 갖춰야 한다고 했다. 독수리의 매서운 눈으로 모든 질병을 직시하는 통찰력이 있어야 한다. 여성의 손길로 가능하면 정상조직이 다치지 않도록 섬세하게 수술해야 한다. 피가 튀고 생명이 왔다 갔다 하는 상황에서도 흔들리지 않는 사자의 마음이 있어야 한다는 것이다.

명의에 대한 정의는 좋은 CEO에 대한 정의와도 통한다. 독수리처럼 미래를 보는 통찰력이 있어야 하고, 조직을 성장시키기 위한 모험에서는 사자처럼 과감한 결단이 필요하다. 그 과정에서 일어나는 직원들의 상처에 대해서는 여성의 손길로 어루만져줄 필요도 있다.

CEO는 혁신의 선두에 있으면서 동시에 가장 뒤에 있다. CEO는 선두에 서서 조직이 나아갈 바를 결정한다. 모든 직원들의 의견을 경청해야 하지만 최종 결정은 CEO의 권한이자 책임이다. 또한 CEO는 조직의 뒤에 서서 직원들을 격려하고 보살펴야 한다. 혼자서만 열심히 뛰어가다가 돌아보니 아무도 따라오는 자가 없다면 실패한 혁신이다. 일사불란하게 움직이지는 못하더라도 하나의 커다란 방향성을 갖고 있는 조직이 혁신의 잠재력을 가진다.

나는 의료계의 스티브 잡스를 꿈꾼다. 스티브 잡스는 이전에는 없었던, 불가능했던 일을 새롭게 만들어낸 발명가가 아니다. 변화를 예측하고 기존의 있던 기술을 누구도 상상할 수 없었던 방법으로 융합하여 마치 새로운 기술처럼 만들어내는 몽상가이며 혁신가이다. 이렇게 불가능해 보이는 일들을 가능한 것으로 목표를 제시하고 직원들이 도전할 수 있도록 발판을 만들어주는 것도 CEO의 몫이다.

명의는 독수리의 눈과 사자의 마음과

여성의 손길을 갖춰야 한다고 했다.

명의에 대한 정의는 좋은 CEO에 대한 정의와도 통한다.

12
현장을 정기검진하라

건강하게 오래 사는 가장 확실한 방법은 정기검진이다. 무엇이든 본궤도에서 벗어나면 제자리로 돌리기 힘들어지듯, 건강도 일단 아프면 치료가 되더라도 몸이 상한다. 특별한 증상이 없더라도 정기적으로 몸의 상태를 체크해야 돈도 적게 들고 고생도 안 한다.

조직도 마찬가지다. 일단 문제가 발생하면 바로잡는 데는 많은 정신적 물질적 에너지가 소모된다. 병의 원인이 증상으로 나타나기 전에 치료해야 한다. 한군데만 아파도 몸 전체가 망가지는 건 시간문제다. 사소한 병이라도 방치하면 끝내 생명을 앗아갈 수도 있다. 조직원 중 한 명의 마음이 아프면 그 여파가 전체로 퍼지는 것 역시 시간문제다. 직급이 높은 사람일수록 그 전파속도는 더욱 빠를 것이다.

예를 들어 간호사 한 명이 병원에 불만을 가지고 있다고 하자. 그가 하루에 만나는 고객의 숫자는 몇 명일까? 많을 때는 하루에 3천 명에 가까운 외래 환자가 온다. 훨씬 더 많겠지만 하루 10명을 만난다고 하자. 그가 불친절하면 10명의 환자는 불만족한 상태에서 병원문을 나서게 된다. 보호자를 대동하면 20명이 우리 병원을 비난할 것이고, 이들이 10명에게만 소문을 내도 200명이다. 한 달이면 6천 명이 우리 병원에 대해 좋지 않은 이미지를 가지게 될 것이다. 한 사람 한 사람이 전체인 듯 조직을 '검진' 해야 하는 이유가 여기에 있다.

내가 미즈메디병원을 정기검진하는 방법은 '불시 현장 시찰' 이다. '불시' 에 해야 하는 이유는 미리 알려주면 병증이 숨기 때문이고 '현장' 으로 가야 하는 이유는 보고서에 나타나지 않는 미세하지만 중요한 현상을 파악하기 위해서다. 현장의 온도를 오감으로 느끼기 위함이다. 발품을 팔아야 하고 시간을 써야 한다. 보고서를 보는 것보다 훨씬 힘들고 시간도 많이 들지만 보고서로는 결코 알 수 없는 것들을 알 수 있다.

현장에 나가서 무엇을 보아야 할까? CEO마다 의견이 다를 수 있겠지만 나는 '사람들의 얼굴'을 본다. 직원들의 얼굴도 보고, 고객들의 얼굴도 본다. 병을 고치면 건강한 사람이 되듯, 불편한 표정을 만든 원인을 해결해주면 조직은 건강해진다. 고객들의 표정에 불만이 있으면 그건 직원들이 잘못했기 때문이다. 직원들이 잘못하는 건 그를 괴롭히는 어떤 문제가 있기 때문이다.

보려는 의지만 있다면 누구에게 문제가 있다는 것은 금방 알 수 있다. 표정만 봐도 알 수 있고 인사하는 것만 봐도 안다. 그다음에는 물어봐야 한다. 지레짐작으로 상상만 해서는 알 수 없다. 짐작 가는 원인이야 있겠지만 내가 전혀 생각하지 못한 것일 수도 있다.

직장 생활 전체에 불만이 있으면 상사와의 관계에 문제가 있는 경우가 많다. 그럴 경우, 두 사람을 만나 그들이 바라는 게 무엇인지 듣고 해결책을 강구한다. 갈등이란 욕구의 충돌이다. 충돌로 인한 감정은 오래될수록 골이 깊어진다. 며느리가 미우면 며느리의 달걀 같은 뒤꿈치도 미워보이듯, 나쁜 감정이 생기면 그 사람의 모든 것이 싫어진다.

그런데 가만히 보면 서로의 욕구가 충돌하는 지점은 그렇게 넓지 않다. 사소한 충돌이거나 오해에서 비롯된 것도 많다. 우리나라 사람 대부분이 자신의 욕구를 흥분하지 않고 말하는 법을 배우지 못했다. 오히려 욕구를 감추는 훈련만 받아왔다. 즉각 편안한 상태에서 말하면 되는데, 그걸 묵혀두었다가 심각한 상황을 만든다. 욕구가 충돌하는 지점에 서서 중재하고 해결책을 찾아주는 것이 나의 역할이자 경영이다. 좋지 않은 곳에 관심을 기울여 좋게 만드는 것도 경영의 중요한 역할이다.

한 환자에게 받은 스트레스를 다른 환자에게 푸는 경우도 있고 개인적으로 우울한 일이 생겼을 수도 있다. 사람이니까 그럴 수 있다. 이럴 때는 한 박자 쉬어가도록 하거나 그 감정을 알아주는 것만으로도 다시 친절한 직원으로 되돌아올 수 있다.

CEO는 병원 내 모든 갈등의 해결사가 되어야 한다. 자잘한 갈등은 당사자들끼리 해결할 수 있겠지만 큰 갈등, 오래된 병은 '수술'을 해야 한다.

만약 전 직원이 불만에 가득 차 있다면? 그것은 CEO의 잘못이다. 그래서 경영자는 늘 사람을 두려워해야 하고 자신을 돌아볼 줄 알아야 한다. 손발이 썩어들어가고 있는데 머리 혼자서만 큰소리쳐봐야 아무 변화도 일어나지 않는다.

13
계급장을 떼고
소통하라

소통하는 리더가 성공하는 시대가 됐다. CEO는 해결사가 되기 위해 지속적으로 직원들과 소통하는 것을 게을리하면 안 된다. 나는 늘 넥타이를 재킷 주머니에 꽂고 좀더 자유로운 차림으로 직원들을 만나려고 한다. 여러 사람들을 이끌고 다니는 권위적인 라운딩을 배제하고 홀로 지나다니며 직원들을 만나고 스스럼없이 대한다. 또한 직원들에게도 나와 주저 없이 대화해줄 것을 부탁했다. 그러나 아무리 친근하게 다가올지라도 CEO는 높고 어려운 존재였다. 그래서 좀더 친근하기 위해 '계급장을 떼고' 소통할 수는 없을까 고민하던 차에 트렌드에 맞춰, 아니 한 발짝

만이라도 앞서길 바라는 마음에서, SNS(소셜 네트워킹 서비스)를 도입했다.

내 명함에는 일반적으로 들어가는 병원들의 주소와 구구절절한 사외 경력 대신(물론 예전엔 나도 있었다!) 온라인에서 나를 찾을 수 있는 주소들이 적혀 있다. 간단하게 휴대폰과 트위터, 이메일 계정만을 남기고 많은 것을 과감히 생략했다. 직원들과의 소통을 위해 혹은 그들끼리의 소통의 장을 마련해주기 위해 트위터를 시작하고 페이스북 친구들을 모았다. 처음에는 자의 반 타의 반으로 가입을 하거나 눈치를 보며 하나둘씩 온라인으로 모여들기 시작했다. 그러나 한 두어 달이 지났을까, 나중에 알았지만 상사와는 트위터를 하지 않는다는, 온라인 용어로 '상사언팔'이라고 했던가 나에게로 오는 멘션들이 줄기 시작했다. '양방향 소통'이 아니라 '일방적인 소통'을 하게 된다면 그것은 소통이 아니라 여전히 '지시'이며 '업무'이며 '강요'였다. 많은 직원들의 소리를 듣고 싶었지만 트위터는 CEO와 직원의 말과 마음이 오가는 소통의 플랫폼에 적절치 않았다.

매월 열리는 직원조회에 초청된 외부강사의 강의를 듣다가 야머Yammer와 큐알코드QR code에 대해서 알게 됐다. 그날로 우리 직원들은 바로 야머를 개통시켰고 큐알코드를 만들어 콘텐츠를 채워나갔다. (이렇게 신속한 대응이 미즈메디 직원들의 큰 장점이기도 하다.) 불과 이틀만에 직원의 1/3 정도가 되는 150명이 야머에 가입을 했고 나뿐만 아니라 직원들의 반응도 실로 폭발적이었다. 야머는 같은 계정을 사용하는 이들끼리 소통하는 그룹커뮤니케이션이다. 트위터는 불특정 다수가 참여하고 글자수에 제한이 있다보니 의사전달에 제한도 있고 오해가 있기도 마련인데 야머는 조금 달랐다.

우리는 야머에서 소통을 한다. 개인적인 고민도 털어놓고 병원의 환자 서비스에 대한 제안도 하고 서로 친목도 도모하고, 경조사를 알리기도 한다. 실시간 이뤄지는 야머에서의 500여 명의 소통, 그 짧은 재잘거림 속에서는 불필요한 존칭이나 인사말도 직급도 부서도, 강남병원과 강서병원의 거리도 없어졌다. 물론 이사장인 CEO와의 거리도 내가 원하던 대로 가까워졌다. 계급장을 떼고 모두가 미즈메디 식구로서 소통하고 있다. 신속한 의사결정이 이루어지고 투명한 행정절차가 이루어졌다. 오늘 올라온 야머의 글이다.

"8층 남자 화장실 휴지 제가 다 썼어요."

계급장을 떼고 모두가 **미즈메디** 식구로서 소통하고 있다.

신속한 의사결정이 이루어지고 **투명한** 행정절차가 이루어졌다.

14
변화할 때까지
자극하라

같은 병이라 할지라도 그에 대한 처방은 다양하다. 크게는 양방과 한방으로 나눌 수 있다 양방 중에서도 약을 쓸 수도 있고 수술을 할 수도 있다. 약도 여러 제조회사에서 나온 약들이 있다. 어떤 약을 쓸 것인지는 담당의사가 결정한다. 그런데 어떤 약을 썼는데도 효과가 전혀 없거나 효과가 미미하면 어떻게 해야 하는가? 병증이 완화되는 기색이 없는데도 똑같은 치료법만 고수하는 의사는 무책임하다. '백약이 무효'라 할지라도 백약을 써보고 무효라고 말해야 한다. 다양한 치료를 해봐야 한다. 한두 번 해보고 안된다고 '이 병은 안되는 모양이다'라고 체념해서는 안 된다. 지극히 상식적인 말이지만 행동에 옮기는 것은 쉬운 일이 아니다.

퇴근 후 운동을 하겠다고 비싼 돈을 들여 헬스클럽을 끊어 놓고 일주일 만에 포기한다. 새해가 되어 다시 결심을 하고서 헬스클럽을 끊는다. 결과는 똑같다. 지금도 매년 같은 일을 반복하고 있는 사람들이 적지 않을 것이다. 아침 일찍 일어나 외국어학원에 가겠다고 결심하고 학원에 돈을 낸다. 그러고서 아침에 눈을 뜨지 못해 돈만 버린다. 다음에도 비슷한 결심을 하고 비슷한 결과를 낸다.

목표가 정해졌다면 그것을 이룰 다양한 방법을 시도해봐야 한다. 목표는 운동을 통한 건강이고, 외국어 실력의 향상이다. 그 방법이 헬스클럽뿐일 리 없고, 외국어학원뿐일 리 없다. 간단한 조깅도 있을 것이고 스터디 그룹을 만들 수도 있다. 이 방법에서 몇 번 실패를 했으면 다른 방법을 찾아봐야 한다. 될 때까지, 내게 맞는 방법을 찾을 때까지 시도해야 목표를 이룰 수 있다.

미국에서 펠로 과정에 있을 때였다. 급박하게 돌아가는 응급실에 수술복을 입은 의사가 침대 옆에 무릎을 꿇고 있었다. 환자와 눈높이를 맞추기 위해서였다. 그는 환자에게 '걱정하지 마세요. 살 수 있어요'라고 말해주었다. 기분 좋은 충격이었다. 따뜻한 진심이 느껴졌고 내가 환자라고 입장을 바꿔 생각해보니 그렇게 고마울 수 없었다. 같은 의사로서 나도 그와 같은 의사가 되고 싶었다. 개원했을 때는 나를 포함한 우리 직원들이 모두 그와 같은 태도를 가져주기를 바랐다. 하지만 쉽지 않았고 여전히 부족하다. 오해를 피하기 위해 우리 병원이 비교적 친절하다는 설명을 해두어야겠다. 다른 병원보다 훨씬 더 친절하다는 이야기를 고객들과 그의 지인들로부터 듣고 있다. 여전히 부족하다고 생각하는 건 우리 직원들이 좀더 친절할 수 있다고 믿기 때문이다.

개원 초에 '친절은 자신의 교양에 비례한다'라는 캐치프레이즈를 내걸었다. 그것만으로는 부족해 모든 직원들에게 모니터에 이 표어를 붙여두라고 했다. 조금은 나아진 것 같았지만 만족스럽지 않았다. 이후에도 계속해서 '잔소리'를 하고 같은 말을 반복했다.

그러다 이번에는 서비스 강사를 불렀다. 인사하는 법, 미소 짓는 법을 배우게 했다. 한 번으로는 안될 것 같아 여러 번 불러 반복교육을 시켰지만 효과가 없었다. 나중에 들은 바로는 교육이 재미도 없었고 앞으로 불러내 낯간지러운 행동을 시킬 때는 짜증까지 났다고 한다.

그래서 또 다른 방법을 시도했다. 고객들에게 최고의 서비스를 제공하기 전에 직원들이 먼저 최고의 서비스를 받아보게 하는 것이었다. 사랑을 받아본 사람이 사랑을 할 줄 알고 배려를 받아본 사람이 남을 배려할 줄도 안다. 직원들끼리 조를 짜서 최고급 호텔 레스토랑에 보냈다. 한 끼 식사에 1인당 6, 7만 원이 들었다. 모르는 사람끼리 보내면 당황할까봐 이미 그런 서비스를 받아본 의사를 한 명씩 끼워넣었다. 직원들은 평소에는 경험하지 못했던 것들, 이태리 식당에서 와인을 마시면서 드라마에서나 봤던 고급스러운 분위기를 체험했다. 거기서 최상의 서비스를 받아본 직원들은 달라지기 시작했다. 최고급 서비스를 받아보니 기분이 좋았을 것이고, 내가 이런 서비스를 고객들에게 한다면 우리 병원을 찾는 환자들도 기분이 좋아질 거라고 느꼈을 것이다.

그래도 부족했다. 2008년에는 많은 돈을 들여 외부 컨설팅을 받았다. 직원들이 미처 인식하지 못한 문제점들을 외부의 객관적인 시선으로 파악하고 이를 개선하기 위해서였다. 각 상황에 따라 어떻게 대처하는 것이 좋은지에 대한 매뉴얼도 책자로 만들었다. 그리고 그 매뉴얼대로 시행되는지 보고 교정해주는 일들이 몇 개월에 걸쳐 진행되었다. MOT Moments of Truth 매뉴얼에는 정말 세세한 행동지침까지 안내되어 있다. 예를 들면 이런 식이다.

'대기 중인 아이가 진료방 문을 두드리며 장난치는 상황에서 어떻게 해야 하는가?'

"기다리기 힘드시죠? 아이가 진료방 문 앞에 있으면 문을 열 때 다칠 수 있습니다. 아이의 안전을 위해 의자에 앉아서 대기하는 것이 좋을 것 같습니다"라고 하는 것이 좋다. "어머니, 아이 좀 잡아주세요. 이러다 다쳐요"라는 말은 안 된다.

물론 기다림에 대한 공감도 없이 앵무새처럼 외워서 하는 말은 하나 마나다(그래도 후자보다는 낫겠지만). 친절하고 싶은데 이런 상황에서 어떻게 말하는 것이 좋은지 모르는 경우도 많다. 친절이라는 마음을 시스템으로 만들 수는 없지만, 그 마음이 자연스럽게 흘러들어갈 수 있는 시스템을 만드는 것은 가능하다. 그것이 우리의 MOT 매뉴얼이다.

매뉴얼이 만들어지고 교정을 해주는 과정에서 어떤 직원들은 귀찮아하기도 했다. 그러나 어떤 직원에게는 효과가 있었을 것이다. 어떤 교육이든 곧바로 효과를 보기는 어렵다. '백약'을 썼을 때 병은 나았는데 어떤 특정한 약이 효과를 발휘한 것인지, 아니면 여러 가지 약이 조금씩 병을 고친 것인지 알기는 어렵다. 중요한 것은 병이 나았다는 사실이다. 우리는 조금씩 더 친절해지고 있고 우리의 서비스는 조금씩 고급화되고 있다.

이만한 돈을 들여 이러저러한 교육을 하면 100퍼센트 이렇게 달라진다는 보장은 없다. 될 때까지, 조금 더 나아질 때까지 계속해서 시도할 수밖에 없다. 효과가 있을까 없을까 미리 걱정하면서 아무것도 하지 않으면 아무것도 변하지 않는다. 변화하려면 무엇이든 새로운 것을 해야 한다. 그래야 변한다.

15
수동에서 능동으로

전 지구적으로 인터넷 환경이 구축되면서 물리적으로 어디에 있든 한 공간에 모일 수 있게 되었다. 거기서 서로의 아이디어를 내고 그 아이디어가 새로운 아이디어를 낳는다. 웹 2.0의 시대라고 한다. 이제는 똑똑한 소수가 '큰일'을 해내는 시대는 지났다. 집단지성의 시대다. 아니, 집단지성이 아니고서는 오늘날의 경쟁 환경을 이겨낼 수가 없다. 개방, 공유, 참여, 협업이 대세다. 네 가지 화두를 풀어보면 '함께 소통한다'는 공통점이 있다.

우리 병원도 그렇다. 나 혼자 하기에는 규모가 커졌고 상황이 과거와 달라졌다. 각자의 티끌 같은 아이디어를 모아 태산같이 아이디어를 만들어내야 한다. 그러나 아직은 갈 길이 멀다.

대부분의 사람들은 시키는 대로 하는 것에 익숙해져 있다. 교사나 부모가 시키는 대로 하지 않는 학생은 불량학생으로 낙인찍혔다. 회사에서 시키는 대로 하지 않으면 충성심을 의심받았다. 여전히 그런 풍조가 강하게 남아 있는 것 또한 사실이다. 구호는 참여와 공유를 외치는데 그 환경은 아직까지 과거 그대로 남아 있다. 가만있으면 중간이라도 한다는 낡은 금언이 머리와 몸에 새겨져 있는 것 같다. 시켜야 움직이는 수동적인 태도를 스스로 움직이는 능동적인 태도로 바꾸지 않으면 개방이고 참여고 아무 소용이 없다. 함께 소통하려면 능동이 필수다.

그러나 한번 잠든 정신은

누군가 지팡이로 후려치지 않는 한

깊은 휴식에서 헤어나지 못하리.

조정권 시인의 「산정묘지」라는 시의 일부다. 오랫동안 익숙해진 수동적 태도를 능동적인 태도로 바꾸려면 지속적인 자극이 필요하다. 이 자극이 반드시 병원의 일과 관계가 있어야 하는 것은 아니다. 다양한 자극이 주어지고 그로 인해 잠든 정신이 깊은 휴식에서 깨어나면 그것으로 충분하다. 깨어난 정신은 무언가를 하려 할 것이고 이것이 곧 능동적 태도다.

우리는 한 달에 한 번 직원조회를 한다. 그때는 일곱 시까지 출근해야 한다. 겨울에는 깜깜할 때 집에서 나와야 제시간에 도착할 수 있다. 그렇게 힘들게 왔는데 아침부터 '이사장의 잔소리'를 들으면 더 짜증날 것 같았다. 매일 듣는 소리를 또 하려고 이 새벽에 사람을 오라고 했느냐고 생각할 수도 있다.

그래서 매번 직원조회 때는 외부강사를 초빙한다. 같은 메시지라도 하는 사람에 따라, 말하는 방식에 따라 전혀 다르게 다가갈 수도 있다. 단적으로 말해 CEO가 말하면 잔소리고 외부강사가 이야기하면 흥미로운 이야기가 된다. 외국계 체인 식당의 지점장을 모시기도 했고 '펀fun경영'을 주장하는 분의 말을 듣기도 했다. 산악인 허영호 씨, 프로복싱 전 세계챔피언 홍수환 씨, 행복디자이너 최윤희 씨, 민들레영토 지승룡 대표 등 정말 다양한 분야에서 활동하는 분들을 모셨다. 웹 2.0, 파워블로거가 되는 법 등 개인적으로 도움이 될 수 있는 강의부터 감동을 주는 이야기까지 그때그때 변화에 따라, 필요에 따라 강사를 섭외했다.

그들의 이야기와 인생이 우리에게 자극을 줄 것이라 믿는다.

새로운 자극 중 스스로 움직여보게 하는 것도 빼놓을 수 없다. 자신들과 관계된 일이므로 스스로 결정하게 한다. 단합대회를 한다면 어디서 어떻게 하는 것이 좋겠는지 묻는다. 식당에서 할 거라면 삼겹살이 좋은지 회가 좋은지, 식당은 답답하니까 야외로 나가자고 하면 어느 장소가 좋겠는지 묻는다. 이도저도 싫으니까 공연을 보자고 하면 어떤 공연이 좋겠는지 또 묻는다. 담당자가 직원들에게 직접 묻기도 하고 어느 정도 윤곽이 정해지면 스티커를 붙여 다수결로 정한다. 어떤 직원들은 '그냥 알아서 하지 뭘 자꾸 물어보느냐'라며 귀찮아하기도 한단다. 그렇다. 귀찮게 해야 한다. 귀찮음을 느끼는 것은 이제 막 잠에서 깼지만 아직 덜 깬 상태다. 더 귀찮게 해서, 더 자극을 해서 잠에서 완전히 깨어나도록 해야 한다.

나는 아직도 배가 고프다. 아직도 만족하지 못한다. 그래도 직원들이 변화를 보여주고 있다. 지난 개원기념식에서는 직원들이 내 눈시울을 뜨겁게 했다. 이노바 팀에서 율동을 섞어가며 노래를 불렀다. 간단한 춤인데도 잘 추지 못했고 노래도 잘 부르지 못했다. 그런데도 눈물 나게 고마웠다. 그렇게 사소하고 엉성한 행사가 내게는 꽁꽁 언 얼음에 금이 가는 소리로 들렸다. 드디어 우리의 정신이 깊은 휴식에서 깨어났다는 신호로 생각되었다.

말을 물가에 끌고 갈 수는 있어도 먹일 수는 없다고 한다. 그런데 말은 물을 먹일 수 없지만 사람은 먹일 수 있다. 여태까지 그랬다. 누군가 물을 먹으라고 하면 먹었고, 달리라면 억지로 달렸고, 풀을 뜯으라면 뜯었다. 스스로 물을 먹게 하려면 자신이 목이 마르다는 것을 알아야 한다. 풀을 뜯게 하려면 배가 고프다는 사실을 알아야 한다. 달리게 하려면 저 산 너머에 가치 있는 무언가가 있다는 것을 깨달아야 한다.

깨달음은 각자의 몫이지만 새로운 자극으로 도움을 줄 수는 있다. 자극을 주었는데도 깨닫지 못한 것이 아니라 자극이 충분하지 않았기 때문에 깨닫지 못하고 있는 것이다. 얼음이 깨지기 전에는 충분한 자극이란 없다. 잠들어 있는 정신이 깨어나도록, 깨었던 정신이 다시 잠들지 않도록 지속적으로 후려쳐야 한다.

수동적인 태도를 스스로 움직이는 능동적인 태도로 바꾸지 않으면

개방이고 참여고 아무 소용이 없다.

함께 소통하려면 능동이 필수다.

16
때로는
기다려야 한다

혁신은 늘 저항에 부딪힌다. 그리고 종종 강력한 저항에 부딪힐 때도 있다. 혁신의 이유가 정당하고 모두에게 편익을 주는 것이 사실이라도 무조건 밀어붙이는 것이 능사는 아니다. 중요한 사실 하나가 더 있기 때문이다. 그것은 '직원들의 마음'이다. 그들의 마음이 상하면 혁신은 안 하느니만 못하고 실제로 성공하기도 어렵다. 때로는 기다리는 미덕이 필요할 때도 있다.

2000년, 심한 홍역을 치른 끝에 개발한 전산 시스템이 돌아가면서 업무가 원활해지고 있었다. 나는 한발 더 나아가 종이가 필요 없는 병원이라는 꿈을 실현하기로 했다. 당시 전자 차트

시스템인 EMRElectronic Medical Record은 몇몇 병원만이 시범적으로 시행하고 있던 초창기였다. EMR은 의무기록을 분실할 염려가 없을뿐더러 신속하게 찾을 수도 있다. 하나의 차트를 여러 곳에서 동시에 볼 수도 있다. 또 약속 처방도 용이하고 악필로 이름난 의사들의 기록을 좀더 쉽게 볼 수 있는 장점이 있다. 늘 앞서가는 것을 좋아하고 첨단병원을 지향하는 우리였기에 망설임 없이 시작했다.

이미 EMR을 시행하고 있는 병원을 탐방한 후 외주업체에 맡겨 개발을 완료했다. 그리고 꽤 오랫동안 적응교육을 했다. 그러나 종이 차트가 익숙한 직원들에게 EMR은 너무나 생소한 세상이었다. 새로운 문물을 비교적 빨리 받아들이는 나도 거북함을 느꼈다. 손에 익지 않으니 옛날 기록을 보기도 어려웠고 검사 결과를 보기에도 불편했다. 그러나 어차피 겪어야 할 변화라면 미리 매를 맞는 것이 나았다. 변화에 적응하도록 직원들을 독려했으나 불만의 목소리는 쉽게 가라앉지 않았다.

수개월의 적응 기간을 거쳐 드디어 전 직원이 EMR을 시작하는 날이 되었다. 숙달되지 못한 점을 감안해 예약도 반으로 줄였다. 그런데도 업무는 원활하게 돌아가지 못했다. 곳곳에서 불평의 소리가 터져나왔고 점심시간은 EMR 성토장이 되었다. 심지어 도저히 환자를 볼 수 없다는 말까지 나왔다. 며칠이 지났지만 상황은 나아질 기미가 보이지 않았다. 결국 의사들이 긴급회의 소집을 요구했다. 회의장은 불만의 목소리로 들끓었다. 의사들은 다시 예전으로 돌아가자며 나의 결단을 촉구했다.

곤혹스러웠다. 비용과 시간을 들인 일이다. 당장은 모르지만 결국은 시행해야 할 시스템이다. 어차피 할 것이라면 저항이 있더라도 지금 뚫고 나가는 것이 옳지 않을까? 지금은 힘들어도 몇 주만 지나면 다들 익숙해지지 않을까? 강하게 밀어붙이고 싶은 마음이 굴뚝같았지만 그 순간에 중요한 단어가 떠올랐다. 그것은 '직원들의 자존심' 이었다. 한발 더디 가더라도 직원들의 자존심을 살려주는 게 먼저라고 판단했다.

"여러분들이 불편해하시는 EMR을 당장 중지하겠습니다."

직원들이 내쉬는 안도의 한숨이 얼마나 컸던지 내 귀에는 "와!" 하는 소리로 들렸다. 소동은 가라앉았고 다시 예전으로 돌아갔다.

조바심은 있었지만 다시 기회가 올 거라는 믿음이 있었다. 몇 달이 지난 후 강남 미즈메디에서 먼저 반응이 왔다. 산부인과의 김태준 선생님이 '애 쓰고 돈 써서 도입한 EMR을 하긴 해야 하는 것 아니냐'라며 내게 제안을 했다. 추진팀장으로서 책임감도 있었던 것 같다. 그래도 고마웠다. 누군가 말을 꺼내주지 않는다면 내 입으로 그만두자고 한 것을 다시 시행할 수는 없었다. 강서 미즈메디는 그대로 두고 강남에서만 시작해보기로 했다. 아래로부터 시작된 것이어서 그런지 이번에는 모두들 불편을 참고 앞으로 나아갔다. 일정부분 오기도 생긴 것 같았다. 어쩌면 이사장이 불쌍해 보였을지도 모른다. 어쨌든 시간이 지나고 손에 익숙해지자 불편했던 EMR이 편리한 EMR이 되었다. 성공적으로 정착한 것이다.

이제 강서 차례였다. 강남에서 성공했기에 자신이 있었다. 그러나 그 방식은 읍소였다. EMR의 장점을 이야기하고 다시 한 번 시작해달라고 호소했다. 강남의 성공을 지켜본 의사 선생님들은 반대를 하지 못했지만 그렇다고 찬성을 한 것도 아니었다. 모두들 말없이 침묵하고 있던 중에 비뇨기과 김종현 선생님이 일어섰다.

"이사장이 저렇게 애원하는데 어렵지만 시도해봅시다."

참 고마웠다. 그렇게 어렵게 정착된 EMR은 그 후 대학병원을 비롯한 많은 병원에서도 하게 되었다. 이제는 신입의사라도 일주일이면 적응할 정도로 보편화되었다.

혁신의 시작은 조직원 중 누구라도 될 수 있다. CEO일 수도 있고 말단 직원일 수도 있다. 하지만 그 완성은 늘 현장의 직원들이다. 그들의 마음을 얻지 못하면 아무리 합당하고 효율적인 혁신이라도 성공하지 못한다. 혁신은 매일 중단 없이 시행되어야 하지만 기다리는 여유가 필요할 때도 있다. 그 여유는 직원들에 대한 믿음에서 나온다.

무조건 밀어붙이는 것이 능사는 아니다.
중요한 사실 하나가 더 있기 때문이다.
그것은 '직원들의 마음'이다.

17
혁신하려면 투명하라

나는 우리 직원들에게 기다려달라고, 아직은 때가 아니라고 말한다. 그때란 병원의 수익을 분배할 수 있는 시기를 말한다. 우리 병원의 급여 수준은 다른 병원과 비교해 조금 적은 편이다. 대신 병원의 철학, 업무의 환경과 강도, 교육 지원 등이 다른 병원보다 나아서 우리 병원에서 일한다. 이건 내 판단이 아니라 직원들의 판단이다. 모든 직원들이 그런 것은 아니겠지만 많은 직원들이 그런 생각을 갖고 있는 것으로 알고 있다.

수익이 다른 병원에 비해 떨어지지 않는데도 급여가 적은 이유는 새로운 투자를 위해서다. 지금의 인원으로 더 많은 환자를 받을 수 있는 시스템을 만들어야 하고 단기간이 아니라 장기간 우리를 먹여 살릴 수 있는 병원을 만들어야 한다. 그것이 궁극적으로 직원들을 위한 길이라고 믿고 있다. 그런데 그러자면 투명성이 담보되어야 한다. 병원에 투자하겠다던 이사장이 이리저리 돈을 빼돌려 사익을 채운다면 어떤 직원이 여기에 동의하고 따라주겠는가. 혁신이 직원들을 단기적으로 불편하게 할지언정, 불안하게 만들어서는 안 된다. 혁신이라는 구호를 내세우는 CEO에게 뭔가 꿍꿍이가 있다면, 혹은 직원들이 그런 의심을 한다면 혁신은 성공하기 어렵다. 자금, 인사 등 병원의 모든 행정이 투명해야 한다.

이 투명성을 담보해줄 시스템이 전자 자원 관리시스템인 ERPEnterprise Resource Planning이다. ERP는 전사적으로 모든 자원의 이동을 총괄하는 시스템으로 인사, 구매, 자원의 배분, 재무회계, 입출금 내역, 경영평가 등 조직 내에서 일어나는 모든 업무를 전산화한다. 모든 업무를 한눈에 볼 수 있어서 투명하고 효율적인 관리가 가능하다.

ERP가 우리에게 필요하다고 판단하고 이 시스템을 쓰는 병원을 알아보았다. 그런데 내가 알기로 일반 기업은 있는데 병원은 없었다. 일반 기업과 달리 병원은 전문성이 너무 강해서 ERP를 시행하기 어렵다는 게 이유였다. 일부에서 시도를 했는데 실패를 했고 그 뒤로는 아무도 엄두를 내지 못하고 있었다. 필요성도 필요성이지만 슬그머니 도전 의식이 발동했다.

해야겠다는 마음을 먹고 업체를 찾았다. 미국 기업인 오라클보다 독일 기업인 SAP의 프로그램이 좀더 유연성이 있고 병원에 맞아서 SAP 한국지사장과 면담을 추진했다. 그 자리에서 나는 뒤로 넘어질 뻔했다. 프로그램 가격만 3십억 원, 하드웨어까지 구비하려면 무려 5십억 원의 비용이 든다고 했다. 워낙 큰 액수인 데다 당시에는 강서 미즈메디의 누적적자가 5십억 원이었다. 우리 병원의 규모로는 도저히 감당할 수 없는 금액이었다. 국내 업체는 조금 저렴할까 싶어 LG CNS에 문의했더니 가격 차이가 별로 없었다. 있으면 훨씬 좋겠지만 그렇다고 병원을 위험하게 할 수는 없는 일, 안타까웠지만 포기해야 했다.

ERP에 대한 아쉬움을 조금씩 지워가고 있을 때 한 지인으로부터 연락이 왔다. 그는 LG와 인연이 깊은 사람이었는데, 하드웨어 값만 받고 프로그램은 아주 저렴한 비용으로 해주겠다고 했다. 그러나 그 저렴한 비용조차 부담이어서 정중하게 거절을 했다. 그 후 다시 연락이 왔다. 물론 더 좋은 조건이었다. 약간 부담스럽긴 했지만 그 정도라면 해볼 만했다. 나중에 알고 보니 LG CNS가 저렴한 비용에 ERP를 제공한 데에는 이유가 있었다. 미즈메디를 병원 진출을 위한 시범사업장으로 삼고 싶었던 것이다. 그 덕분인지 이후에 대규모 병원의 ERP 구축을 수주했다.

6개월 예정이던 개발 기간은 10개월 가까이 걸렸다. 그때 우리 직원들이 고생을 많이 했다. 직원들은 ERP가 무엇인지도 모른 채 지시 하나로 낯선 길을 따라나선 셈이었다. 잘 따라준 직원들에게 고마움을 느낀다. 덕분에 미즈메디는 국내 최초로 SAP로 ERP를 도입한 병원이 되었다. 병원 운영은 더욱 투명해 졌고 불필요한 손실을 걱정하지 않아도 되었다. 모든 것이 신뢰 속에서 움직일 수 있는 여건이 마련된 것이다. 어려운 가운데서 내린 ERP 도입 결정에 지금도 자부심을 느낀다.

개발 초기에 LG CNS 관계자가 걱정스레 말했다.

"이사장님, 이거 시작하면 투명해야만 되는데요."

프로그램이 하도 복잡해서 투명성이 전제되어야만 한다는 것이다. 병원계를 투명하지 않은 집단으로 생각했거나 우리나라 기업들 중 불투명한 경영을 하는 것이 마음에 걸렸던 것 같다.

미리 양해와 주의를 주는 셈이었다. 그러나 그것은 ERP를 도입하는 내 의도를 모르고 한 소리였다.

"걱정 마세요. 더 투명해지고 싶어서 하는 거니까요."

훗날 ERP는 불미스러운 일로 받아야 했던 검찰조사와 국세청 심층 세무조사에서 큰 위력을 발휘했다. 외형 누락 0원, 오차 없이 투명한 자금 흐름을 증명해 무혐의를 받는 데 결정적인 증거가 되어주었던 것이다.

시스템이 만능은 아니다. 미국 정부의 홈페이지도 초등학생에게 해킹을 당한다. 그렇다고 사람이 만능도 아니다. 나는 사람을 믿지만 그것은 나의 믿음이지 100퍼센트 담보가 되는 것은 아니다. 지금은 내 욕심을 버리고 병원을 위해 모든 자본을 쏟아붓고 있지만 '나의 인간성' 역시 100퍼센트 확실하다고 할 수는 없다. 세상에 100퍼센트 완벽한 것은 없다. 최대한 투명성이 보장될 수 있는 기술, 제도가 있다면 도입하는 것이 옳다. 혁신은 옳은 방향으로 가야 한다. 옳지 않은 길은 혁신이 아니다. 옳은 길로 가는 데 투명성은 반드시 필요하다. 투명하지 않으면서 혁신을 한다면 단기간에는 몰라도 장기적으로는 반드시 큰 낭패를 보게 될 것이다. 그 실례들을 우리는 충분히 알고 있다.

혁신이 직원들을 단기적으로 불편하게는 할지언정,

불안하게 만들어서는 안 된다.

18
꿈은
실행하는 자의 몫이다

아이들은 이상한 존재다. 귀엽지 않은 아이는 없다. 어디서든 환영을 받는다. 그러나 5분 이상 환영받는 아이는 드물다. 대부분의 아이들은 '5분만' 귀엽다. 그 시간이 지나면 시끄럽게 떠들고 마구 어지럽힌다. 울고 떼쓰기 시작하면 부모라도 신경질이 나기 쉽다.

병원에서도 그리 다르지 않다. 코흘리개 아이들은 대부분 설사, 감기 등 가벼운 질환으로 찾아온다. 솔직히 수익이 거의 안 나는 분야다. 그러므로 병원에 소아과 환자가 많아지는 건 그리 반가운 일이 아니다. 분명 아이들은 필요하고 귀한 존재인데,

한편으로는 귀찮은 존재이기도 한 것이다. 그래서 병원에서는 소아과를 병원 건물의 가장 바깥에 두는 게 좋다고들 한다. 더 깊숙이 들어올수록 병원 전체가 '초토화' 되기 때문이다. 그래서 우리도 다른 병원들처럼 소아과는 뒷문 쪽 제일 나쁜 자리에 있었다.

아이들이 시끄러운 것은 사실이다. 고함치면서 뛰어다니고, 울고불고 하면 다른 환자들이 불편해지는 것도 사실이다. 반면 그들이 귀한 존재인 것도 사실이고 우리 병원을 찾는 고객인 것도 사실이다. 그리고 아이들을 천대하지 않고 귀하게 대접하고 싶은 내 마음도 사실이었다. 어쩔 수 없다고 하면서도 한편으로는 마음이 무거웠다.

그러던 중 미국의 신경외과 의사인 프레드 엡스타인이 쓴 『내가 다섯 살이 되면』이라는 책을 읽은 게 생각났다. 미국의 병원에서도 아이들은 귀찮은 존재였던 모양이다. 그런데 엡스타인은 대합실을 아이들이 뛰어노는 놀이터로 만들었다. 입원한 아이들과 병실에서 기차놀이를 했다. 의사가 '칙칙폭폭' 아이들을 끌고 다녔다. 그가 수술한 아이들 중에는 스무 살이 넘어서도 편지를 보내고 그의 생일을 축하해주는 아이도 있었다고 한다.

의사가 그래야 한다고 생각했다. 자기를 치료해준 의사를 만나기 위해 나이가 들어서도 우리 미즈메디를 찾는 아이를 보고 싶었다. 꿈이다. 꿈은 실천해야 한다. 그래서 어린이들을 위한 병원을 지어야겠다고 생각했다. 아이들이 천대받지 않고, 당당하게 앞문으로 들어와 대접받고 마음껏 놀 수 있는 아이들의 병원을 꿈꾸기 시작했다.

나는 아이들을 위한 별도의 건물만 지으면 된다고 생각했다. 강남과 강서, 두 번 병원 건물을 지었으니 설계와 인테리어는 이미 되어 있는 것이나 마찬가지였다. 건물은 착공에 들어갔고 어느 정도 진척이 된 상태에서 한 건축가를 만났다. 특별한 용무가 있는 건 아니었다. 아마 잡지에서 그의 기사를 읽은 듯하다. 나는 뭔가 독특한 사람, 자기 일을 잘하고 있는 사람들과의 만남을 즐긴다. 그날의 만남도 그런 의미였다.

그를 만났고 파주출판단지에 가서 그의 작품을 보았다. 그는 헤이리에 '딸기가 좋아' 라는 어린이 건축물이 있는데, 건축적으로 재미있다며 보기를 권했다. '딸기동산' 도 그의 작품이었다. 그것을 보는 순간 내 마음에서 '덜컥' 소리가 났다. 아이들의 눈은 어른과 달랐다. 어린이들은 알록달록하고 풍선이 날아

다녀야 좋아했다. 내가 어린이병원을 잘못 짓고 있다는 것을 알았다. 이름만 어린이병원이지 나는 어른의 병원을 짓고 있었던 것이다. 아이들의 눈높이에서 다시 생각해야 했다.

설계가 변경되었다. 공사가 끝난 중앙 바닥을 뚫어 1, 2층을 연결하는 나선형 계단을 만들었다. 어른들은 정신없다고 싫어하지만 애들은 빙글빙글 돌아서 내려가면 좋아할 것이었다. 미끄럼을 타고 내려갈 수 있게도 했다. 인테리어에 들어가면서는 더 알록달록해졌다. 모든 벽의 장식은 아이들의 눈높이에 맞췄다. 빨갛고 파란 문에는 커다란 숫자들을 썼다. 어른들의 '3호 진찰실'이 숫자놀이를 할 수 있는 곳으로 바뀌었다. 수유실 입구 벽에는 젖소가 그려져 있고 키를 재는 자도 그려넣었다.

의자는 아이들이 옹기종기 앉을 수 있는 스펀지 재질을 선택했다. 의자는 아이들의 장난감이 되기에 부족함이 없었다. 아이들은 의자가 썰매라도 되는 양 이리저리 밀고 다녔다. 어떤 아이들은 굴렁쇠인 양 굴리고 다녔다. 그러다가 부딪히거나 그 위로 넘어져도 다치지 않았다. 바닥에는 콘크리트 대신 우드를 깔고 모든 모서리는 없앴다.

모든 생각과 행동이 달라졌다. 완공하고 보니 좋았다. 놀이

터처럼 보였다. 2005년, 드디어 아이들을 위한 병원 '키즈센터'가 완공되었다. 키즈센터를 본 엄마들의 반응은 이랬다.

"와! 이런 병원이 있나!"

아이들의 반응은 없었다. 그냥 병원을 '초토화' 시키며 즐겁게 놀았다. 그 후 엄마들이 아이들을 병원에 데리고 오기 수월해졌다는 후문을 전해들었다.

아이들이 어른의 눈높이에 맞출 수는 없다. 아이하고 놀려면 어른이 아이가 되어야 한다. 간호사들이 토끼 귀를 달고, 망토를 두르고, 마술을 하고, 풍선을 날렸다. 처음에는 머쓱했던 어른들도 아이들이 좋아하자 함께 즐거워했다. 웃으면 아이들의 병은 저절로 낫는다. 좋은 호르몬이 나와서 면역력이 강해진다.

현재 키즈센터에는 매일 500여 명의 아이들이 온다. 사실 여성병원에 산부인과만 필요한 것은 아니다. 우리가 여성의 건강을 지켜주어야 하고 그들이 귀하게 낳은 아이들도 지켜주어야 한다. 특히 우리 병원의 아이드림클리닉에서 탄생한 아이들은 얼마나 힘들게 고생해서 태어난 아이들인가.

아이들이 병원이라는 공간에서 웃는 것을 보니, 당당히 정문으로 들어와 당당히 떠들고 가는 아이들을 보니 마음의 짐을

벗은 느낌이었다. 우리는 아이들이 주인이 되는 병원을 꿈꾸었
고 그 꿈을 현실로 바꾸었다. 꿈은 꿈꾸는 자의 몫이 아니라 실
행하는 자의 몫이다.

19
회의는 그만하고 물어보라

열쇠를 잃어버린 '멍청이'에 관한 이야기를 들어보았을 것이다. 내용은 이렇다. 어떤 사람이 가로등 밑에서 무언가를 열심히 찾고 있었다. 지나가던 사람이 무엇을 찾느냐고 물어보자 열쇠를 잃어버렸다고 답했다. 지나가던 사람은 안쓰러워서 같이 열쇠를 찾기 시작했다. 한참을 찾았지만 열쇠는 보이지 않았다. 답답한 마음에 지나가던 사람이 물었다.

"여기서 열쇠를 잃어버린 것이 확실합니까?"

"아니요."

"그런데 왜 여기서 찾고 있는 거요?"

"여기에 가로등 불빛이 있으니까요."

천하에 이런 멍청이가 어디 있느냐고 하겠지만 우리도 이와 비슷한 실수를 많이 하고 있다. 누군가와 다퉜을 때, 상대의 마음을 풀어주겠다고 하면서 자기 입장만 이야기한다. 열쇠는 상대의 마음에 있는데 자기 마음이라는 가로등 아래에서 벗어나지 못하는 것이다. 자녀에게 좋은 것을 해주겠다면서 자기가 원하는 것만을 강요하기도 한다. 불만을 토로하는 고객에게 회사와 자신의 사정만 이야기 한다. 불만이 있는 곳, 즉 열쇠가 있는 곳은 고객의 사정인데 자기 사정이라는 가로등 아래에만 있다.

조직에서 일어나는 '가로등 아래에서 열쇠 찾기'의 대표적인 예는 회의다. 모든 회의가 그렇다는 뜻은 절대 아니다. 조직에서 회의는 반드시 필요하다. 회의를 통해 의사소통도 하고 전략도 수립한다. 하지만 회의가 모든 것을 해결해주지는 않는다. 내가 이야기하려는 '멍청한 회의'는 회의에서 모든 것을 해결하려는 회의만능주의에 대한 것이다.

우리 병원에서 비데를 설치하려고 했던 때의 일이다. 우리는 화장실을 깨끗하게 유지하고 있었고 고객들도 깨끗한 느낌으로 화장실을 이용할 수 있기를 바랐다. 직원회의에서 두 가지 안이 나왔다. 비데를 설치할 것인가 아니면 변기시트 위의 비닐시트를 자동으로 교체해주는 기계를 설치할 것인가였다. 꽤 오랫동안 회의를 한 것 같았다. 각자 고객들이 원하는 것을 짐작해 말했을 것이다. 결국 비데로 결론이 났다. 설치비용은 훨씬 더 많이 들지만 고객들의 청결한 뒤처리를 위해서라면 못할 게 없다고 판단했다. 이제 회의에서는 비데가 몇 대 필요한지, 비용은 얼마나 드는지만 계산하면 되는 상황이었다. 우리는 마음속으로 아마도 스스로를 대견하게 생각했을지도 모른다. 고객의 편의를 위해 비용이 더 많이 드는 비데를 선택했으니 말이다.

그 와중에 최종 확인 겸 몇몇 간호사들에게 고객들의 의견을 물어보라고 했다. 남성보다는 여성들이 화장실 청결에 더 많은 신경을 쓰고 우리의 주 고객들도 여성이니까 여성 고객에게 물어보라고 했다. 결과는 정말 뜻밖이었다. 비데를 원하는 고객은 없었다. 모두들 비닐시트를 원했다. 우리는 더 깨끗하라고 비데를 선택했는데 고객들은 그 비데가 더럽다고 생각했다. 그 생각은 옳았다. 가정에서 쓰는 것이라면 몰라도 많은 사람들이 쓰는 비데는 노즐이 오염될 수도 있다. 그리고 무엇보다 여성들은 변기시트의 청결에 각별한 신경을 쓴다는 것이다. 딱히 더럽지 않아도 휴지로 닦아내는 건 기본이고, 변기시트 위에 올라서서 일을 보는 여성들도 있다고 한다. 하마터면 비용은 비용대로 쓰고 욕은 욕대로 얻어먹을 뻔했다.

회의로 결정할 수 있는 것이 있고 고객에게 반드시 물어보아야 할 것이 있다. 특히 고객의 편의를 위한 혁신안이라면 반드시 그들에게 물어보아야 한다. 우리 병원 내부에도 여성은 있다. 그들 중 아기를 낳아본 사람들도 많다. 그렇다면 그들에게 물어보면 되는가? 답은 '그렇지 않다'이다. 그들은 이른바 업계 내부의 사람이기 때문이다. 업계 내부의 고정된 시선으로 결코 볼 수 없는 것들이 있기 마련이다. 상품 개발에서 프로슈머의 힘을 빌리는 것도 바로 이것 때문이다.

혁신안이 있을 때만 고객에게 질문을 던져야 하는가 하면 그렇지 않다. 혁신의 목적이 연례행사처럼 생색내기에 있다면 또 모를까 정말로 고객을 위한 혁신을 하고 싶다면 수시로 질문을 해야 한다. 나 역시 우리 직원들에게 수시로 고객들에게 질문을 하라고 한다. 불편한 점은 없었는지, 바뀌기를 바라는 것은 없는지 습관처럼 물어보라고 한다. 나도 불편한 표정의 고객을 만나면 우리가 뭔가 잘못한 것이 있는지 물어보기도 한다.

　　모든 고객이 자신이 원하는 것을 정확하게 알고 있는 것은 아니다. 때로는 무엇이 불편한지 모르지만 왠지 마음이 기껍지 않을 때도 있고 개선하고 나서야 '아, 이게 불편했구나' 하는 사람도 있다. 하지만 고객이 분명하게 아는 것들도 있다. 그리고 우리는 고객에게 아는지 모르는지 물어보기 전에는 결코 그것을 알 수 없다. 질문하고 개선점을 찾아내면 회의에서는 그 우선순위만 정하면 된다. 우선순위 역시 고객들의 불편에 있으므로 어느 정도 결정된 것이나 다름없다.

　　잃어버린 열쇠가 항상 가로등 밑에 있으면 좋겠지만 그렇지 않은 경우도 많다. 지금 우리에게 필요한 것, 혁신을 위해 필요한 것은 가로등을 벗어나 횃불을 들고 어두운 곳에 있는 열쇠를 찾아가는 행동이다.

회의가 모든 것을 해결해주지는 않는다.

정말로 고객을 위한 혁신을 하고 싶다면

수시로 고객들에게 질문을 해야 한다.

20
혁신에는
순서가 있다

마음만 갖고 덤비는 혁신은 서로에게 상처만 남기고 실패하기 쉽다. 모든 과정이 공장의 조립라인처럼 딱딱 맞아떨어지는 것은 아니다. 그 과정에는 몰입도 필요하고 영감도 필요하다. 그러나 거기에도 순서는 있다. 우리 병원의 발레파킹은 혁신의 순서를 설명하기에 좋은 소재다. 단순해 보이는 발레파킹에도 시행착오와 대립이 있었다.

Ⅰ. 목적이 혁신을 이끈다

병을 고치는 것이 의료인 것처럼 문제를 해결해나가는 과정이 혁신이다. 그런데 문제가 있으려면 전제조건이 필요하다.

똑같은 상황인데도 어떤 사람은 아직은 멀었다며 더 열심히 노력하고 어떤 사람은 이만하면 됐다고 한다. 똑같은 성적인데도 어떤 학생은 더 높은 성적을 원하고 어떤 학생은 이만하면 됐다고 한다. 둘 사이의 차이점은 목적이 있느냐 없느냐 하는 것이다. 목적이 없으면 문제도 없다.

혁신의 시작은 목적을 정확히 인식하고 어떤 요소가 목적 달성에 방해가 되는지 파악하는 것이다. 친절이 목표라고 한다면 친절의 목적이 무엇인지, 어느 정도 수준의 친절인지 결정해야 한다.

그다음은 현장을 세밀하게 관찰해야 한다. 똑같은 현장을 보고도 어떤 사람은 그냥 지나친다. 눈 뜬 장님이다. 목적의식이 투철한 사람만이 현장에서 문제점을 발견해낼 수 있다. 이때 목적의식이 있는 사람이 많으면 좋다. 한 사람의 시각은 한계가 있기 마련이다. 여러 사람의 시각으로 문제점을 발견하고 여러 의견들을 리스트에 올리고 실행의 우선순위를 결정해야 한다.

　　강서 미즈메디의 문제점 중 하나는 주차장이었다. 충분한 공간을 확보하고 시작한 병원이 아니었기에 주차장이 네 군데로 나뉘어 있다. 아는 사람은 조금 불편하고 모르는 사람은 많이 불편하다. 많이 올 때는 하루에 1,600명의 환자가 우리 병원을 찾는다. 주차장은 엉망이 되었다.

　　우리의 목표는 고객들이 편안하게 병원을 찾게 하는 것이다. 병원에 올 때 불편하고 돌아갈 때 불편하다면 우리 병원의 이미지는 나빠질 수밖에 없다. 우리가 중요하게 여기는 평판이 나빠진다. 특히 우리 병원에 오는 고객들은 대부분 짐이 많거나 몸이 불편하다. 임신부가 있고, 아기를 데리고 오는 엄마가 있다. 유모차에 기저귀가방 등 손에 들어야 할 것도 많다. 이 불편을 덜어주고 싶었다.

II. 고객의 욕구를 파악하라

　　가장 좋은 방법은 넓은 주차장을 확보하는 것이지만 현실적으로 어려웠다. 그렇다면 누가 대행을 해주면 어떨까? 주차장 입구에서 차를 받아준다면 고객은 불편을 겪지 않아도 된다. 나는 간부들에게 발레파킹을 하면 어떻겠는지 제안을 했다. 그랬더니 당장 저항이 생겼다. 반대의 이유는 다음과 같았다.

첫째는 비용 문제였다. 우리 병원에 오는 많은 외래 환자들의 주차를 대행해주려면 많은 인력이 필요하다. 비용이 상승하고 결국 우리의 이익을 다 잠식할 것이다.

둘째는 기계식 주차시설이 되어 있어서 나갈 때 차가 빨리 빠지는 것 외에는 큰 효과가 없다.

셋째는 돈을 받으면 환자들이 돈만 밝히는 병원이라고 오해할 수 있다. 평판이 나빠질 것이다.

전혀 타당성 없는 주장은 아니었지만 다르게 생각해볼 수도 있었다. 만약 친구처럼, 가족처럼, 이웃처럼 고객을 대하는 주유소가 있다고 하자. 알아서 쓰레기도 버려주고 아기의 똥기저귀를 받을 때도 웃음을 잃지 않는다면 조금 더 비싸더라도 그 주유소를 이용할 것이다. 몇천 원, 혹은 몇백 원을 아끼고 기분 나빠지기보다 그 돈을 더 주고 상쾌해지는 것을 선택하는 사람이 더 많을 것이다.

두 주장 모두 논리적으로는 타당하지만 책상에서 생각해낸 것이다. 우리는 고객이 정확하게 무엇을 원하는지 모르고 있었다. 나는 고객들을 상대로 여론조사를 해보자고 했다. 발레 서비스를 원하는지, 원한다면 가격은 얼마가 적당한지 물어보기로 했다. 100명만 조사하면 우리 고객 중 몇 퍼센트가 이 서비스를 원하는지 알 수 있다. 조사 결과 10퍼센트의 고객이 발레 서비스를 원하는 것으로 나타났다. 비용을 2천 원으로 할 때였다.

데이터가 나왔으니 이제 결정할 일만 남았다. 간부들에게 어떻게 하는 것이 좋은지 회의를 해보라고 했다. 나는 이미 마음의 결정을 하고 있었지만 간부들 스스로 고민해보는 것도 필요한 일이다. 그런데 감감무소식이었다. 두 달이 지나도 아무 보고도 하지 않았다.

"발레 서비스는 어떻게 돼가고 있는 겁니까?"

"검토 중입니다."

"도대체 얼마나 검토하면 결론이 나옵니까?"

화가 나서 소리를 질렀지만 내 잘못이다. 기한을 정해주어야 했다. 그렇지 않으면 한없이 늘어진다. 기한이 없는 목표는 목표가 아니다.

얼마 후 보고가 올라왔다. 10퍼센트밖에 원하지 않고 비용도 많이 들기 때문에 큰 필요성이 없다는 것이 회의 결과였다.

Ⅲ. 시각을 달리하라

결과 보고를 듣고 문득 신발에 관한 일화가 떠올랐다. 신발 회사가 두 명의 직원에게 아프리카의 신발시장을 알아보라고 지시했다. 아프리카에 다녀온 뒤 한 명의 직원은 "아무도 신발을 신는 사람이 없다"라며 아프리카에는 신발시장이 없다고 보고했다. 그런데 또 다른 한 명은 "아무도 신발을 신은 사람이 없다"라며 시장이 무한대라고 보고했다. 같은 현상을 보고서도 이렇게 생각이 다를 수 있다.

우리도 마찬가지였다. 같은 10퍼센트를 보고서도 전혀 의견이 달랐다. 솔직히 나는 간부들의 생각이 답답해 보였다. 10퍼센트의 고객은 무시할 수 있다고 생각했기 때문이다. 열 명 중 한 명의 욕구는 무시되어도 좋은가? 그렇지 않다. 한 명의 고객의 욕구를 무시할 수 있는 기업이라면 고객 전체의 욕구도 무시할 수 있다. 그리고 10퍼센트는 결코 적은 인원이 아니다. 하루 2,000명의 고객이 온다면 무려 200명이다. 보호자까지 감안하면 400명은 넘는다.

"10퍼센트에게만 서비스를 제공하면 안 되는 이유가 있나요?"

내 질문에 간부들은 대답을 하지 못했다. 10퍼센트의 수요를 만족시키기 위해서는 몇 명의 인원이 더 필요한지 계산해보았다. 그렇게 비용을 산출해보니 매달 3백만 원, 연간 3천6백만 원이 필요했다. 10퍼센트를 위해 감내할 수 있는 액수인가를 고민했다. 심사숙고 끝에 시행해보기로 했다. 일단 해봐야 한다. 3천6백만 원은 큰돈이지만 그 돈 때문에 병원의 명운이 갈리지는 않는다. 그렇다면 시도해볼 만하다. 해보고 아니면 개선점을 찾거나 최소한 제자리로 가면 되지만 해보지 않으면 아무 일도 일어나지 않는다. 어떤 변화도 없다.

서비스는 일단 주는 것이다. 세상은 먼저 준 다음에 보답을 받는다. 매달 3백만 원을 들여 고객들이 만족하고 우리 병원을 더 사랑하게 된다면 많은 액수도 아니다. 그런데 이런 투자를 망설이는 이유는 그 결과가 계량화되지 않기 때문이다. 그래서 쉽게 돈에 매몰된다. 주저주저하다가 멈추기 쉽다. 그러니 일단은 가야 한다.

Ⅳ. 묘안을 찾아라

얼마간 시행을 해보니 문제가 드러났다. 당연한 수순이다. 예측은 예측일 뿐 시행해봐야 문제도 발견되고 개선점도 나온다.

문제는 발레파킹을 위한 전용공간이 필요한데, 거기에 차를 세우지 못하는 고객들은 기분 나빠했다. 또 돈을 받는 것에 대한 불만도 있었다. 서비스를 원하는 고객도 10퍼센트가 넘었고 그러니 인원도 더 필요했다.

문제를 해결하려면 발레파킹을 둘러싼 갈등 구조를 살펴볼 필요가 있었다.

병원이 원하는 것은 주차 서비스가 원활하게 되면서 비용은 크게 추가되지 않는 것이다. 고객은 노력을 덜 들이고 쉽게 주차가 되기를 바란다. 돈은 들지 않는 것이 제일 좋고 들 수밖에 없다면 적게 냈으면 한다. 주차요원의 입장도 있다. 같은 월급이라면 일을 적게 하기를 바란다. 일을 조금 더 하면 돈을 더 받는 게 좋다.

이 세 가지 욕구를 절충할 수 있는 묘안이 필요했다. 각자의 욕구를 해결하지 못하면 싸움밖에 없다. 발레 서비스를 없던 일로 하면 10퍼센트 이상의 고객은 항상 불만을 가진다. 지출을 줄이기 위해 돈을 많이 받아도 불만이다. 힘없는 주차요원들을 압박하면 가능하긴 하겠지만 불친절해질 것이다. 결국 이기는 사람도 지는 사람도 모두 패배한다.

고민 끝에 묘안이 나왔다.

고객들은 완전 무료면 좋겠지만 서비스를 받으면 약간의 대가를 지불해야 한다고 생각한다. 그렇다면 2천 원을 1천 원으로 낮추면 된다. 그리고 명목을 발레파킹 요금이 아니라 봉사료로 바꾼다. 같은 돈이라도 요금과 봉사료는 느낌이 다르다. 고객은 병원이 돈을 번다고 생각하지 않고 봉사를 받았기 때문에 당연히 지불해야 하는 팁의 개념으로 생각할 수 있다. 지불한 돈에 대한 거부감이 줄어든다.

고객이 낸 봉사료는 전액 주차요원들에게 지급된다는 점도 명시했다. 그것을 읽은 고객들은 병원이 돈 때문에 주차 대행을 하는 것이 아님을 알게 된다. 그리고 자신이 낸 봉사료가 젊은 주차요원들에게 도움이 된다고 느낄 수 있다.

주차요원들은 매달 2십~3십만 원의 추가수입이 생겼다. 과거에는 차가 들어오는 게 싫었던 사람들이 이제는 차가 오면 반기게 되었다. 환영하는 몸짓으로 고객을 맞게 되었다. 억지 환영과 진심어린 환영의 차이는 몸으로 느껴진다. 고객도 기분이 좋아졌다.

병원에는 약간의 지출이 생겼지만 고객의 만족도에 비하면 적은 액수다. 장기적으로 더 많은 고객이 올 것이므로 오히려 이익일 수 있다. 이로써 삼자의 갈등이 평화롭게 해결되었고 모두가 승자가 되었다. 이것이 혁신이다.

첫 회의부터 해결까지 무려 4개월이라는 시간이 걸렸다. 혁신에는 늘 걸림돌이 있다. 걸림돌이 없으면 혁신이 아니다. 혁신을 해야 한다는 것은 마음 혹은 정신이지만 그 과정은 구체적이어야 한다. 그렇지 않으면 오히려 상황을 악화시킬 수 있다.

21
먼저
손해를 보라

어떤 조직에서건 규칙은 중요하다. 규칙을 지키지 않으면 혼란이 판을 칠 것이 분명하다. 규칙을 지키지 않는 직원은 조직에 치명적인 해악을 끼친다. 개인으로 봤을 때도 자기 규칙을 엄격하게 지킨 사람들이 중요한 성과를 낸 경우가 많다.

그렇다고 규칙만 지키는 것이 능사는 아니다. 지나치게 규칙에 매몰된 사람을 우리는 융통성이 없다거나 벽창호라고 부른다. 규칙을 어기는 것이 아니라 규칙을 뛰어넘는 행동이 필요하다. 그럴 때 고객은 만족을 넘어 감동을 느낀다.

내가 직원들에게 고객감동 서비스를 이야기할 때 해준 이야기가 있다. 규칙을 지키지만 규칙을 뛰어넘는 사람이 되자는 뜻이었다. '담배 한 개비의 감동'이라는 제목을 붙인 이 이야기는 내가 한 중식당에서 겪었던 일이다.

손님과 요리를 맛있게 먹었는데, 아뿔싸, 마침 두 사람 다 담배가 없었다. 애연가들에게 식사 후에 피는 한 개비 담배는 무엇과도 바꿀 수 없는 즐거움이다. 이 간절한 즐거움을 채우지 못하면 식사의 즐거움은 온 데 간 데 없어진다. 담배를 사러 나가기도 그렇고 담배 때문에 자리를 옮기는 것도 마뜩치 않았다. 종업원을 불러 담배를 구입할 수 있는지 물었다. 종업원의 태도는 단호했다.

"식당에서는 담배를 팔지 못하게 되어 있습니다."

나도 그쯤은 알고 있다. 하나 구해달라는 이야기인데, 그걸 곧이곧대로 듣고 규칙을 내세워 거부한 것이다. 무슨 일이 있어도 담배를 하나 얻어 피워야겠다는 의지 때문에 '잔소리'를 한 것은 아니었다. 좀 불편하긴 해도 나가서 담배를 사서 커피숍으로 가면 된다. 그러나 '같은 서비스 업종'에 근무하는 종사자로서 안타까운 마음이 들었다.

"나 같으면요, '잠깐 기다리세요, 식당에서 담배는 못 파는데 직원들 중에 담배 피는 사람한테 얻어다 드릴게요’라고 하겠어요. 규칙을 내세우는 게 쉽긴 하지만 그렇게만 해가지고 고객만족이 되겠어요?”

종업원은 내 말에 설득이 되었는지, 아니면 잔소리를 더 듣기 싫어서 그랬는지는 몰라도 어디서 담배를 구해왔다. 우리는 맛있게 담배를 피우고 나서 고마움의 뜻으로 팁으로 1만 원을 놓고 나왔다. 그 종업원이 그날의 일을 계기로 변화했는지 모르지만 우리 직원들은 그랬으면 한다. 병원에서 담배를 찾는 사람은 없지만 비슷한 상황은 있다.

진료 예약이 그 대표적인 경우다. 고객이 콜센터로 전화를 걸어 특정한 날짜에, 특정 의사에게 진료를 받고 싶다고 할 수 있다. 그런데 그날 예약이 꽉 차 있다면 어떻게 해야 하는가?

“그 선생님은 그날 예약이 다 차 있어서 안 됩니다.”

예약할 수 없는 것은 사실이다. 그러나 이렇게 이야기하면 고객은 서운함을 느낀다. 아픈 사람은 누구나 마음이 다급하다. 거기다 대고 사실만 늘어놓으면 어쩌자는 것인가? 다른 선생님은 안 되겠는지, 다른 날짜, 다른 시간은 안 되겠는지 물어볼 수 있다. 예약이 차 있지만 환자가 원하는 선생님께 다시 한 번 문의를 해보겠다고 할 수도 있다. 불가능할지라도 아픈 사람의 다급함을 해결해주려는 노력을 해야 한다.

입원실에서도 비슷한 일이 일어날 수 있다. 주머니 사정 때문에 1인실이 부담스런 고객도 있다. 그런데 다인실이 꽉 찼으면 어떻게 해야 하는가?

"다인실은 없는데요."

역시 사실이긴 하지만 정답은 아니다.

"지금은 1인실밖에 없는데요, 우선 다인실 가격으로 1인실을 쓰시다가 다인실이 빌 때 1순위로 옮겨가시면 어떨까요?"

이게 정답이다. 이렇게 하면 고객은 우리 병원이 자신을 귀하게 대접한다고 여길 것이 분명하다. 비어 있는 병실이 무슨 가치가 있는가? 의사는 환자를 치료해야 그 가치가 발휘되고 병실은 환자가 들어와야 그 가치가 생긴다.

이밖에도 비슷한 예는 얼마든지 있을 수 있다. 규칙을 벗어나야 할 때 혼자 결정하기 어려우면 상급자에게 문의해보면 된다. 어렵지도, 오래 걸리지도 않는 일이다.

이런 일화들을 이야기하면서 나는 우리가 먼저 손해를 보라고 말한다. 억지로 했든 마음에서 우러나왔든 중식당의 종업원은 규칙을 넘어서 우리에게 편의를 제공했다. 나는 그 고마움을 팁으로 표시했고 그 후에도 그 식당을 찾았다. 담배 한 개비의 가격은 1백 원 남짓이다. 팁으로 1만 원을 놓고 나왔으니 100배가 넘는 보답을 했다. 고마움과 감동의 가격이다.

우리가 1인실을 다인실 가격으로 내놓으면 그 고객은 평생 우리의 고객이 될 수 있고 지구에서 가장 훌륭한 홍보요원이 될 수도 있다. 먼저 손해를 보고 그것으로 고객이 감동하면 고객은 반드시 그 감동을 되돌려준다는 믿음이 있어야 한다.

법은 국민을 위한 것이고 회사의 규칙은 고객을 위한 것이다. 아무리 세세한 규칙을 만들더라도 모든 상황에 대비할 수 없다. 고객 감동이라는 대원칙에 어긋나는 상황이라면 때로 규칙을 넘어설 줄 알아야 한다. 그 기준은 직원의 편리함, 회사의 이익이 아니라 고객의 편리함, 고객의 이익이다.

규칙을 어기는 것이 아니라 규칙을 뛰어넘는 행동이 필요하다.
그럴 때 고객은 만족을 넘어 감동을 느낀다.

22
아직 이루지 못한
꿈

나는 남자다. 그래서 출산의 고통이 어떤 것인지 체험적으로 알지 못한다. 산모들의 신음과 비명으로 막연히 짐작할 수 있을 따름이다. 한 산모는 차라리 손가락 하나를 잘라내는 게 덜 아플 것 같다는 무서운 이야기도 했다. 아기를 낳고 나면 그 예쁜 모습에 고통을 바로 잊어버리겠지만 출산의 고통은 여자들에게 큰 두려움임에는 틀림없는 것 같다. 그 고통을 모두 없애줄 수는 없지만, 산부인과 의사로서 그 과정을 조금 더 행복하게 만들어주고 싶은 욕심은 있다. 그중 하나가 가족분만실(LDR Room: Labor, Deliver, Recovery Room이라고도 한다)이다.

　　지금 대부분의 병원은 산모들이 대기실에서 진통을 하다가 분만실로 옮겨서 아기를 낳아야 한다. 아기를 낳고 나면 다시 병실로 올라가는 시스템이다. 가만있어도 고통스러운데 여기저기 옮겨다녀야 하는 것이다. 이 문제를 해결한 것이 가족분만실이다. 1980년대 말에 미국에서 생긴 시스템으로 산모는 자기 방에서 움직이지 않는다. 의사와 간호사가 오고 출산도 거기서 한다. 가족분만실에는 출산에 필요한 모든 장비들이 갖춰져 있다. 보호자들이 쉴 수 있는 공간도 있다. 환경이 조금 달라지기는 했지만, 최대한 자기 집에서 낳는 느낌을 산모에게 주려고 하는 것이다.

　　이제 아기를 한두 명밖에 안 낳는 시대에 접어들었다. 일생에 한 번 있는 경험이다. 그 소중한 경험을 여기저기 정신없이 옮겨다니는 것이 좋은가, 아니면 내 집에서 낳는 것처럼 편안한 장소에서 하는 것이 좋은가? 몸은 아팠지만 오래도록 기억하고 싶은 '즐거운 출산' 이 되기를 나는 바란다. 한발 더 나아가면 창밖에 눈이나 비가 오는, 혹은 꽃이 흐드러지게 핀 것을 보며 출산을 하는 것은 어떨까? 땀을 뻘뻘 흘리고 있을 때 어디선가 시원한 들바람이 불어온다면 어떨까?

　　한때 집에서 아기를 낳는 분위기가 잠시 있기는 했다. 그런데 신생아 사망률이 높았다. 산부인과를 '블러디 비즈니스 *Bloody Business*' 라고 하는데 피를 많이 흘리거나 수혈을 급박하게 해야 하는 경우도 많기 때문이다. 집에서 아기를 낳는 것은 환자에게 편안함을 줄 수는 있으나 위기상황에 대처할 수 없어서 위험하다. 병원에서 출산을 하는 게 맞지만, 그 병원에서 아기와 엄마와 아빠, 가족들이 교감하는 출산 문화가 만들어졌으면 한다.

내 욕심에는 한참 못 미치지만 지금 우리 병원에도 두 개의 가족분만실이 있다. 시설도 들어가고 사용하는 공간도 많으니까 당연히 비용도 비싸다. 똑같은 돈이 주어졌을 때 어떤 사람은 차를 사고 어떤 사람은 옷을 산다. 각자의 가치관과 욕구가 다르다. 그렇듯이 분명히 가족의 경사인 출산에 더 많은 비용을 들여서라도 최대한의 서비스를 받고 싶은 사람도 있을 것이다.

우리 병원의 가족분만실도 그 수요가 점점 늘어나고 있다. 경제수준이 높아짐에 따라 고객들은 더 나은 서비스를 원하고 있다. 일생에 한 번 있는 소중한 일을 위해 기꺼이 더 많은 비용을 지불하겠다는 사람이 많아지고 있는 것이다. 하지만 현재의 제도로는 가족분만실을 더 늘리기 어렵다. 의료 수가와 관련한 제도의 변화가 있어야만 가능하다. 우리의 경제수준이 더 좋아지고, 수가도 조금 더 자유로워지면 한 개 층을 통째로 가족분만실로 만들고 싶은 욕심이 있다. 그러면 고객들에게 좀더 자연적이고 좀더 감동적인 출산의 기억을 줄 수 있을 것이다.

맛없는 밥의 대명사가 되어버린 병원 밥을 조금 더 맛있게 제공하고 싶은 꿈도 있다. 이 역시 비용 문제로 시행하지 못하고 있다. 맛있는 식사를 위해 온장차를 도입해 따뜻한 식사를 할 수 있게는 했지만 내 꿈에는 턱없이 모자란다. 내 꿈은 간호사와 의사 들이 김이 솔솔 나는, 맛있는 냄새가 솔솔 나는 밥을 환자들에게 직접 퍼주는 것이다. 나 역시 동참하고 싶은 마음이 간절하다. 그러면 고객들은 어떤 기분이 들까? 생각만 해도 기분이 좋아진다. 밥을 퍼주는 행위는 사소할지 모르지만 그것이 의료 서비스와 합쳐지면 그것만큼 고귀한 일도 없을 것이다. 병원과 고객 사이에 더할 수 없는 교감이 이루어질 것이다.

또 하나는 접수, 수납에 대한 것이다. 큰 병원에 가면 진료 또는 검사를 받을 때마다 돈을 내야 한다. 너무 번거로운 일이다. 상태가 위급한 환자의 보호자는 속이 탄다. 금방 숨이 넘어갈 것 같은데(의학적으로는 급하지 않아도 환자나 보호자 입장에서는 무엇보다 다급한 일이다) 수납이 되어야 치료나 검사가 진행된다.

내가 꿈꾸는 수납제도는 완벽한 후불제다. 심지어 신용카드처럼 월말에 그달치 병원비를 계산하는 제도가 되면 얼마나 좋을까도 생각한다. 신용카드도 되는데 병원비라고 되지 말라는 이유가 없다. 카드사도 때때로 돈을 떼이는 것처럼 병원도 돈을 떼일 위험은 있다. 하지만 쓰고도 돈을 내지 않는 사람이 드물듯이 병원비를 떼먹는 사람도 드물 것이다. 신용사회가 되어야 후불제가 가능하다는 논리도 성립하지만, 후불제가 되어야 신용사회가 무르익는다는 논리도 가능하다.

지금 우리 병원에서 시행하고 있는 '일부 후불제'를 보면 알 수 있다. 몇 년 전부터 진료비 부분에서는 후불제를 시행하고 있다. 의사를 만난 후에 수납을 하는 제도이고 여타 검사는 여전히 선불제로 운영하고 있다. 그런데 의사를 만나 진료를 받은 후 —물론 별 이상이 없을 때다— 그냥 가는 고객은 전체의 0.1퍼센트밖에 되지 않는다. 고의라기보다는 깜빡하고 그냥 가는 것이라고 믿고 있다. 그냥 가신 분들에게는 문자로 안내를 해드린다. 매일 외래 환자가 수천 수백 명에 이르니 0.1퍼센트라고 해도 적은 돈은 아니다. 그렇다고 그 0.1퍼센트 때문에 나머지 99.9퍼센트의 선량한 고객을 의심하는 것은 마땅치 않은 일이다.

돈을 관리하는 경리과에서는 반대를 하지만 특별한 일이 없는 한, 후불제를 늘리면 늘렸지 줄일 생각은 없다. 미수금에 대한 손해보다 고객의 편익이 더 중요하기 때문이다.

예로 든 세 가지 외에도 아직 이루지 못한 크고 작은 꿈들이 너무나 많다. 이 모두가 혁신의 주제들이다. 실행단계에 있는 혁신은 구체적이고 분명해야 한다. 그렇다고 항상 현재 실행 가능한 꿈만 꾸어서는 크게 도약할 수 없다. 늘 불가능한 꿈을 꾸고 그 속에서 조금씩 조금씩 실행 가능한 방안을 찾아내야 한다. 위대한 혁신은 늘 허무맹랑하다거나 공상에 불과하다는 비난을 받았다. 실행에서는 리얼리스트가 되어야 하고 꿈에서는 몽상가가 되어야 한다.

꿈의 매물을 팔라

나는 꿈을 굉장히 중요하게 생각한다. 그래서 직원 면접을 볼 때
는 항상 "당신의 꿈은 무엇이냐"고 물어본다. 심지어는 아들 혼
사를 위한 상견례 자리에서 예비 며느리에게도 꿈이 무엇이냐고
물어봤을 정도다.

그 사람의 꿈을 보면 그의 철학, 이념, 가치관, 정직성을 알
수 있고 지식까지도 가늠할 수 있다. 꿈이 뭐냐고 물으면 어떤
사람은 당황하고, 어떤 사람은 머리로 외우고 있는 답을 말하고,
또 어떤 사람은 가슴으로 이야기한다. 어떤 사람의 꿈은 희미하
고, 어떤 사람의 꿈은 구체적이다.

나에게도 꿈은 많다. 개인적으로는 5년 뒤, 손녀 손을 잡고 수영장에도 가고, 주머니에 천 원짜리 몇 장을 찔러 넣고 아파트 주변을 걷고 싶다. 손녀에게 많은 이야기를 해주어 나중에 손녀가 자라서 어떤 상황상황에서 할아버지의 이야기가 새록새록 생각나면 좋겠다.

미즈메디 CEO로서 5년 뒤의 꿈은 제2병원을 지을 수 있는 땅을 구하는 것, 그리고 그 자리에 이 세상에 없는 멋진 입원실, 수술실, 분만실을 갖고 환자들이 아주 편안하게 지낼 수 있는 병원을 만들고 싶다. 빈 공간에는 꽃밭을 가꿔 항상 꽃이 만발한 병원으로 만들고 싶다.

2008년에 반가운 고객을 다시 만났다. 아이를 다섯 명이나 나은 요즘 보기 드문 분이다. 그분이 반가웠던 이유는 다섯째를 낳기 위해 우리 병원을 찾아주었기 때문이다. 첫째부터 셋째까지 우리 병원에서 낳은 뒤 넷째를 다른 병원에서 낳았다. 그리고 다시 돌아온 것이다. 지리적인 이유가 아니라 병원의 서비스가 그분을 되돌아오게 했다.

먼 훗날 내 바람은 그 다섯 아이들이 장성해서 결혼을 하고 아이를 낳을 때 다시 우리 병원을 찾는 것이다. 그러면 얼마나 행복할까? 우리 병원에서 임신하고 아이를 낳은 분들이 키즈센터를 찾고 있다. 더는 '키즈'가 아니게 된 아이들이 20년 후 불쑥 코흘리개 시절 자신을 치료해주던 의사를 찾아온다면, 그에게 자신의 2세를 부탁한다면……. 생각만 해도 꿈만 같은 일이다.

사실 그 꿈같은 일이 드문드문 일어나고 있다. 아버지가 보시던 환자가 나에게 왔고, 그의 자손들도 오고 있다. 아버지가 받은 아이가 산모가 되어 우리 병원에 오는 일이 비일비재하다. 또 내 아들도 의사니 그 자손들이 내 아들을 찾을지도 모른다. 나는 우리 미즈메디병원이 더 발전한 모습으로, 더 멋진 모습으로, 대대손손 그들 곁에 머물기를 꿈꾼다.

한두 가지도 아닌 내 꿈을 나는 여기저기 알리고 다닌다. 그중에는 현재 나 혹은 우리의 힘만으로는 이루기 힘든 꿈들도 있다. 그런데도 나는 이야기하고 다닌다. 헛말을 뿌리고 다니는 것이 아니다. 꿈을 이루어가기 위한 한 과정이라고 생각한다. 나의 꿈이 멋있으면 내 옆에 있는 사람이 그 꿈을 함께 꾸어줄 것이고 언젠가는 우리의 꿈을 누군가가 사주지 않을까 기대한다. 우리의 꿈을 실현하는 데는 꿈을 이루고자 하는 열망과 열정, 정신도 필요하지만 많은 자본도 필요하기 때문이다.

우리의 꿈은 아직 완성되지 않았다. 어쩌면 아직 밑그림도 그리지 못했을 수도 있다. 내가 살아 있을 때 꿈을 실현하지 못해도 좋고, 꿈을 완성하지 못해도 좋다. 중요한 것은 계속해서 좋은 꿈을 꾸는 것이고, 나 이후에도 그 꿈이 이어지는 것이다. 그렇게 포기하지만 않으면 언젠가 우리의 꿈은 이루어질 것이다. 이 세상에 가장 집처럼 편안한 병원을 만들고 정확한 진단과 올바른 치료를 하는 꿈.

1인치의 혁신

ⓒ 노성일

초판인쇄   2010년 12월 23일
초판발행   2010년 12월 31일

지은이   노성일
펴낸이   김정순
구성   이무용
책임편집   김수진
디자인   김진영
마케팅   한승일 임정진 박정우

펴낸곳   (주)북하우스 퍼블리셔스
출판등록   1997년 9월 23일 제406-2003-055호

주소   121-840 서울시 마포구 서교동 395-4 선진빌딩 6층
전자우편   editor@bookhouse.co.kr
홈페이지   www.bookhouse.co.kr
전화번호   02-3144-3123
팩스   02-3144-3121

ISBN   978-89-9605-462-9 03810

이 도서의 국립중앙도서관 출판도서목록(CIP)은 e-CIP 홈페이지(http://www.nl.go.kr/cip.php)에서
이용하실 수 있습니다. (CIP제어번호 : CIP2010002465)